Josef Müller

GO!

www.fontis-verlag.com

Kontakt

E-Mail: **josef.mueller@go-dasbuch.de**

Facebook: josef.mueller.muc

Twitter: JosefMuellerjun

Instagram: josef_munich

YouTube: /josefmuellerjoh316

Blog: www.josef-mueller.de

Josef Müller

GO!

Das Leben will dir Beine machen

fontis
BRUNNEN BASEL

Bibliografische Information der Deutschen Nationalbibliothek
Die Deutsche Nationalbibliothek verzeichnet diese Publikation in der Deutschen Nationalbibliografie; detaillierte bibliografische Daten sind im Internet über www.dnb.de abrufbar.

Umschlag: Spoon Design, Olaf Johannson, Langgöns
Fotos Cover: © by Josef Müller
Fotos Innenteil: © Josef Müller
Satz: InnoSet AG, Justin Messmer, Basel
Technische Koordination: Books & Catalogues Ltd
Druck: Zakład Poligraficzny Mos i Łuczak sp.j.
Printed in Poznan, Poland

ISBN 978-3-03848-057-0

Inhalt

Für Jürgen, Dorothe und Laura

GO!-1

Hallo?

Was ich Ihnen noch sagen möchte!

Ich erinnere mich, als wäre es gestern gewesen.

Ein warmer, beglückender Sonnenstrahl fiel auf mein Gesicht, als ich nach einer traumlosen, aber angenehmen Nacht in meiner Zelle erwachte. Ein Blick auf die Uhr zeigte mir, dass es erst fünf Uhr war. Besonders erfreulich: Anders als sonst am Morgen tat mir nichts weh, ja, ich fühlte mich, als könnte ich Bäume ausreißen.

Es war der 10. August 2010, ein Dienstag. Ich erinnere mich noch an das Detail, dass später an diesem Tag die Weltgesundheitsorganisation (WHO) die Schweinegrippe-Pandemie offiziell für beendet erklärte. Für mich, Josef Müller, einst Millionär, Lebemann und Geldwäscher für die amerikanische Mafia, sollte heute etwas anderes enden: meine Haft.

Fünf Jahre und drei Monate hatte ich eingesessen. Oft kam es mir vor wie eine Ewigkeit, wenn ich viele Stunden allein in meiner Zelle hockte und die Wände anstarrte. Eine lange Zeit, um über mein früheres Leben nachzudenken, über all die Vergnügungen, über den Nervenkitzel und über die pure Lust am Geldvermehren. Und ausreichend Zeit, um über ein neues, intensiveres und vor allem wertvolleres Leben zu sinnieren.

Beschwingt vom fröhlichen Gezwitscher der Vögel auf dem Baum vor meinem vergitterten Fenster in der Justizvollzugsanstalt München-Stadelheim beschäftigte mich noch einmal die Zeit meiner Haft und wie sie mich verändert hatte. Äußerlich und ganz besonders im Innern meines Kopfes und meines Herzens.

Ungesunde 110 Kilo hatte ich auf den Rippen, als man mich in die JVA einlieferte – fett und mit Bluthochdruck. Nun war ich stolze 37 Kilo leichter, alte Hemden und Anzüge saßen wieder, als wären sie gerade vom Maßschneider geliefert worden. Das Gefängnis als eine Art Turbo-Diät.

Immer wieder wurde ich später darauf angesprochen, wenn ich Freunde von früher traf. Ohne meinen Rollstuhl und meine, sagen wir, eigenwillig bunten Jacken hätten viele gar nicht geglaubt, dass ich tatsächlich dieser Josef Müller bin.

Doch viel gravierender war meine neue Einstellung zum Leben und zu Gott, den ich früher nur vom Hörensagen kannte. Wenn zufällig mal jemand Kirche und Glauben erwähnte, wandte ich mich anderen Gesprächspartnern zu. Gott? Was sollte der Quatsch denn? Doch an diesem Freudentag meiner Entlassung in eine neue Zeit dachte ich an ihn – und wie er für mich alles verändert hatte.

Gut gelaunt warf ich mich in den Rollstuhl, erfrischte mich kurz am Waschbecken, spritzte mir übermütig kaltes Wasser ins Gesicht, putzte mir die Zähne und wartete eine gefühlte Ewigkeit, bis endlich die Zellentüre das letzte Mal aufgeschlossen wurde, damit ich zum Duschen rollen konnte. Ich hatte dieses Privileg, vor allen anderen Häftlingen alleine duschen zu dürfen, und ich genoss es ein letztes Mal. Dann verpackte ich meine Toilettenartikel in noch geöffnete Umzugskartons. Meine restlichen Lebensmittelvorräte – Brot, Butter, Salami und Marmelade – verschenkte ich bis auf die Kaffeepackungen an die anderen Gefangenen, die mir ans Herz gewachsen waren.

Ohne Eile kochte ich mir noch zwei Tassen Filterkaffee, belegte eine Scheibe Vollkornbrot mit magerem Schinken und genoss alles in froher Erwartung des anbrechenden Tages.

Während ich da so mit dem Becher dampfenden Kaffees in der Hand saß, kam mir eine dieser «Zufälligkeiten» in den Sinn, von denen ich in den vergangenen Jahren so viele erlebt hatte, dass ich sie nicht mehr für Zufälligkeiten halten konnte. So viele Zufälle gibt es gar nicht. Am Geburtstag meiner damaligen Ehefrau Sandra kam ich am 26. April 2005 nach Stadelheim, und am Geburtstag meines inzwischen 94-jährigen Vaters, an diesem 10. August 2010, sollte ich es wieder verlassen.

Vor meiner Inhaftierung hatte ich noch mit Sandra in einer Villa im Nobelstadtteil München-Solln gewohnt. Nun würde ich in wenigen Stunden in das Haus meines Vaters nach Fürstenfeldbruck zurückkehren. Er hatte dieses Einfamilienhaus noch Anfang der 50er Jahre mit eigenen Händen erbaut.

Als er Ende 1948 das Grundstück von seinem Vater, meinem Großvater, den ich leider nur ein einziges Mal getroffen habe, geschenkt bekam, war sein Traum in greifbare Nähe gerückt: ein eigenes Haus! 1950 begann die Planung, und 1952 startete er mit der Aushebung des Kellergeschosses mit einer einzigen Schaufel. Fast ein halbes Jahr brauchte er dazu. Heute würde das ein Caterpillar in weniger als einem Tag bewältigen.

Drei Jahre arbeitete er wie ein Besessener an seinem Haus. 1955 zog er schließlich mit seiner Ehefrau Rosalia, meiner Mutter, ein. Zwei Stockwerke plus eine Garage nebst einem Garten, in dem Apfel- und Zwetschgenbäume standen. Es war sein ganzer Stolz als Beamter bei der Polizei. Er hatte etwas geschaffen, einen dauerhaften Wert.

Schon in der Zeit kurz vor meiner Entlassung konnte ich während der Freigänge meine eigene Wohnung im Elternhaus umbauen, renovieren und neu einrichten. Alle zwei Wochen durfte ich am Wochenende für 48 Stunden das Gefängnis verlassen, in dem einst auch Adolf Hitler einsaß, bevor er später die ganze Welt ins Chaos und Millionen Menschen in Tod und Verzweiflung stürzte.

Mein neuer Freund Max hatte mir einen fahrbaren schwäbischen Untersatz, mit einem Stern auf der Motorhaube, direkt neben die Kleinwagen der Beamten vor die Türe der JVA gestellt. Dies mit den Worten: «Josef, du brauchst nach deiner Entlassung ein Auto als Rollstuhlfahrer. Du hast mir so geholfen, und jetzt helfe ich dir.»

Ja, der Max, den hatte ich einst im Knast kennen gelernt. Er wurde beschuldigt, zu einer Bande von Versicherungsbetrügern zu gehören. Ich traf ihn zufällig am Schwarzen Brett der Krankenstation, vor dem er hilflos herumstand und herauszufinden versuchte, wie das mit dem Briefeschreiben in der Haftanstalt läuft. Ich konnte helfen und lud ihn zu Kaffee und Rührkuchen in meine Zelle ein. Nachdem ich ihm auch noch einen geeigneten Strafverteidiger besorgen konnte, der ihn schließlich rausboxte, wurden wir echte Freunde, und er half mir fortan immer wieder, wenn es finanziell besonders eng wurde.

Doch zurück zu meinen Gefühlen an diesem ersten Tag meines neuen Lebens. Schon merkwürdig, so lange hatte ich diesen Tag herbeigesehnt, und nun, da meine Entlassung unmittelbar bevorstand, überkam mich eine seltsame Traurigkeit.

Es ist eine persönliche Einstellungssache, wie man die Zeit im Gefängnis verarbeitet. Die meisten Gefangenen, so habe ich es erlebt, sehen diese Zeit als überflüssig, verloren und nicht existent, sozusagen als Null-Zeit an. Sie vergessen dabei, dass es auch eine persönliche Lebenszeit ist, die unwiderruflich für immer zur eigenen Lebensgeschichte dazugehören wird. Mit einer solchen Einstellung können auch die Tage hinter Gittern einen Sinn ergeben.

Bei mir waren die ersten Tage im Knast am schlimmsten. Ich saß einfach nur herum und starrte vor mich hin. Immer wieder kamen mir die Tränen. Doch mit der Zeit lernte ich, es anders zu sehen. Dass ich hier einsaß, war allein meine Schuld. Ich hatte mir die Jahre in der Haft redlich verdient, durch Maßlosigkeit und Selbstüberschätzung. Und so nahm ich meine Zeit hinter Gittern irgendwann wirklich an. Ich begriff, dass jeder Tag, ja, jede Minute meiner Haft, auch für immer Teil meines Lebens sein würde und dass Zeit die wertvollste Ressource ist, die mir zur Verfügung stand.

Ich hatte in den Jahren freundschaftlichen Kontakt zu den Beamten, zu den Krankenpflegern, Ärzten, den Menschen in der Gefängnis-Seelsorge, zum Pfarrer und nicht zuletzt auch zu den anderen Inhaftierten. Und da geht man nicht einfach und sagt «Tschüss», wie zur Kellnerin in einem Fast-Food-Restaurant, die man gleich vergisst und nie wieder treffen wird. Also packte mich beim Gedanken an die bevorstehende Entlassung auch ein gewisser Abschiedsschmerz. So war es nun einmal, und so bin ich, der Josef Müller.

Geduld, das muss ich an dieser Stelle vielleicht zugeben, zählt nicht zu meinen größten Stärken. Wehe, wenn andere Leute meine Lebenszeit verplempern. Meine Mitarbeiter im Steuerbüro fürchteten regelrecht meine Zornesausbrüche, wenn sie mir Akten auf Anforderung nicht binnen zwei Minuten vorlegen konnten.

Auch in dieser Hinsicht musste ich im Knast hinzulernen, denn hier ist Zeit eine sehr relative Größe. Es dauerte sage und schreibe weitere zwei Stunden, dann kam endlich der zuständige Abteilungsleiter des Nordbaus. Er wurde flankiert von zwei anderen Gefangenen, die zur Hilfe abgestellt waren, meine restlichen Sachen, fünf Umzugskartons, auf einem Transportwagen zum Ausgang zu schieben.

Der Tross in Richtung Gefängnistor setzte sich mit einer kleinen Prozession in Bewegung: voraus die beiden Gefangenen mit der Sänfte meiner Habseligkeiten, dahinter ich als gefallener

Sonnenkönig Josef I., flankiert von Justizbeamten. Schade, dass keine Fanfaren zu hören waren.

Einen endlosen Gang hinunter, durch zwei weitere Abteilungen, in den Lift hinein, zwei Stockwerke tiefer wieder hinaus und weiter zur sogenannten Abgangskammer. Dort kannte und erwartete man mich bereits. Weitere Umzugskartons, die man seit meiner Inhaftierung in irgendwelchen Kellern und Verliesen gelagert hatte, wurden auch noch auf den Schiebewagen gepackt. Jetzt kamen die unvermeidbaren Formulare. Quittung für dies und jenes, für die Schlüssel meines Wagens, die Schlüssel zum Haus meines Vaters, die ich alle zwei Wochen nach dem Ausgang wieder abgeben musste und die nun endgültig mir gehörten.

Große Türen drehen sich in kleinen Angeln. Das wird einem spätestens bewusst, wenn man mal im Knast gesessen hat. Eine solche kleine Türangel war es, die mir den Weg zur Freiheit öffnen sollte.

«Müller, sie können jetzt gehen. Wir werden Sie vermissen. Sie sind nicht nur der erste Rollstuhlfahrer, den wir hier hatten. Sie sind vor allem der erste und einzige Rollstuhlfahrer, der mit quietschenden Reifen unterwegs ist. Machen Sie's gut!», sagte mir der Schlüsselmeister und reichte mir zum Abschied freundschaftlich die Hand.

Knast, Auslass, quietschende Reifen – mein Abschied hatte etwas von John Belushis legendärem Auftritt bei seiner Entlassung im Film «Blues Brothers». Erinnern Sie sich? «Eine Digitaluhr, zerbrochen; ein unbenutztes Kondom, ein benutztes Kondom, ein schwarzes Jackett, eine schwarze Hose, eine schwarze Sonnenbrille, 23 Dollar und 7 Cent.» Nun, viel mehr hatte ich auch nicht. Kondome – gebraucht wie ungebraucht – waren allerdings nicht unter den Dingen, die mir übergeben wurden.

Da jeder Gefangene ein JVA-internes persönliches Konto besaß, zählte man mir das Guthabensaldo in Höhe von knapp 300 Euro vor und händigte es mit einer Attitüde aus, als könnte ich davon locker den Rest meines Lebens bestreiten.

«Geben Sie aber nicht alles für Schampus aus, Müller!», sagte der Kassenmeister mit einem Augenzwinkern, als er mir den Umschlag aushändigte.

Auch den Gelderhalt musste ich natürlich quittieren. Ordnung muss sein, ganz besonders in einem Gefängnis. Meinen Gefangenen-Ausweis gab ich gern zurück, ich hatte kein Interesse daran.

Aller Abschied fällt schwer – selbst der Abschied vom Knast. Irgendwie hatte ich den Eindruck, dass auch dem einen oder anderen Beamten der Abschied nicht leichtfiel. Dieser Rollstuhl-Müller, das war schon ein Typ, wie man ihn hier nicht oft hatte.

Man verabschiedete sich mit dem besonderen Wunsch des «Nicht-Wiedersehens», wir gaben uns die Hand, und mein Mund wurde plötzlich ganz trocken. Die Schließer, die jahrelang Teil meines Alltags gewesen waren, verabschiedeten sich alle persönlich: «Mach's gut, Josef!», «Lass dich hier bloß nie wieder sehen!», «Bleib sauber!». Es waren ein paar feine Kerle darunter.

Und wieder musste ich unwillkürlich daran denken, wie es war, als man mich hier einlieferte. Fertig mit meiner Gesundheit, fertig mit dem Leben, genau genommen fertig mit der ganzen Welt. Ein Lebemann und Geldwäscher, ein Kokser und ein tief gefallener Alkoholiker – so brachte man mich vor fünf Jahren in dieses Gefängnis. Doch heute rollte da ein völlig neuer Josef Müller mit seinem Rollstuhl dem Ausgang entgegen. Generalüberholt!

Halten Sie mich für irre, aber rückblickend betrachtet waren die Jahre meiner Haft vielleicht nicht die schönste, wohl aber die heilsamste Zeit meines Lebens. Sie kam genau im richtigen Augenblick, denn ohne sie, da bin ich sicher, wäre ich nicht mehr am Leben. Runderneuert durch eine himmlische Rettungsaktion, stoppte ich endlich vor der letzten Türe, die mich noch von der Freiheit trennte.

Der Abteilungsleiter reichte mir seine Hand und bestätigte auch den Wunsch seiner Kollegen in der Abgangskammer, dass ich von nun an ein straffreies Leben führen solle.

Das sagt er vermutlich zu jedem, schoss es mir durch den Kopf, doch ich nickte und rollte auf das stählerne Tor zu, dem letzten verbliebenen Hindernis zwischen mir und meinem neuen Leben.

Ich war endlich raus, und wichtiger noch: Ich hatte auch meine innere Freiheit gefunden.

Vor der Gefängnispforte warteten mein alter Freund Bernd und mein Auto auf dem Parkplatz. Erst in diesem Augenblick begriff ich, dass ich nun nie mehr nach spätestens 48 Stunden an diesen Ort zurückkehren musste. Dieser Gedanke elektrisierte mich. Ich würde bis zum Äußersten gehen, um mir diese Freiheit in Zukunft zu bewahren. Freiheit ist etwas Göttliches. Die innere wie die äußere. Anders kann ich mir das gar nicht vorstellen.

Bernd und ich, wir fuhren dann nach Fürstenfeldbruck, wo ich schon von meinem Vater sehnlichst erwartet wurde, der seinen Geburtstag endlich wieder zusammen mit mir feiern wollte. Er umarmte mich, und wir fuhren mit Reinhold, einem anderen Freund aus meiner Schulzeit, und mit Yvonne, die mich oft im Gefängnis besucht hatte, in den Kastaniengarten des «Klosterstüberls» im Kloster Fürstenfeld.

Dort aßen wir zu Mittag und freuten uns beinahe kindlich, an diesem wunderbaren Tag zusammen im Schatten eines Kastanienbaums sitzen zu dürfen. Eine gescheite bayerische Brotzeit, Bestellen à la carte, Silberbesteck und natürlich konsequent nichts Alkoholisches – ja, das war ein guter Beginn der neuen Zeit.

Müde, aber erfüllt von den bewegten Ereignissen des Tages, schlief ich am Abend in meinem eigenen Bett ein, in dem ich bis heute in Ruhe und Gelassenheit, vollkommen frei, meine Nächte verbringe, wenn ich zu Hause in Fürstenfeldbruck bin.

Wahre Freiheit ist kein Selbstzweck

Irgendwie fühlen manche Menschen, dass sie, auch wenn sie noch so tief gefallen sind und im Dreck liegen, wo nichts mehr geht und alles trist und grau aussieht, noch nicht am Ende ihrer Geschichte angelangt sein können.

Und genau so erging es mir.

Es ist eine beglückende Erfahrung, zu erleben, dass schwere Zeiten noch nicht das Ende bedeuten. Noch im Jahr 2010 war ich nur eine x-beliebige Nummer im grauen Gefängnisalltag. Heute, keine fünf Jahre später, bin ich Autor eines Bestsellers und ein gefragter Redner im gesamten deutschsprachigen Raum. Abend für Abend kommen Menschen, um die Geschichte meiner ungewöhnlichen Verwandlung zu hören.

Ich werde dabei immer wieder um Autogrammkarten gebeten, was mir bis heute ehrlich gesagt ein wenig peinlich ist.

Alles hat sich verändert seit diesem sonnigen Tag im August, an dem Josef Müller seine Freiheit fand.

Aber frei sein alleine, das ist noch nicht genug. Wahre Freiheit schwebt nicht im luftleeren Raum, sie ist kein Selbstzweck, sie hat ein Ziel und damit eine Richtung. Vom ersten

Moment an war mir klar, dass ich mein neues Leben nutzen möchte, um etwas wirklich Wichtiges zu tun. Wenn es eins gibt, das ich immer konnte, dann dies: Menschen begeistern und Geschäftsideen entwickeln.

Selbst im Gefängnis hatte ich eine sehr gute Geschäftsidee für die Zeit nach meiner Haft entwickelt. Ich stellte fest, dass für sogenannte Mobilitäts-Behinderte (das sind gehandicapte Personen, also in der Regel Rollstuhlfahrer), die beruflich notwendig auf Reisen sind und immer wieder Hotelzimmer benötigen, keine genormten Standard-Zimmer angeboten werden. Entweder ist das Bad zu klein oder die Toilette zu niedrig, und dazu kommen mal eine, mal zwei Stangen neben der Toilette, kein gekippter Badespiegel, die Bett-Höhe zu niedrig oder eine nur schwer zugängliche Dusche oder Badewanne.

Es gibt zwar in Deutschland DIN-Normen, aber an die hält sich so gut wie kein Hotel. Ausnahmen bestätigen die Regel. Ein paar top barrierefreie und rollstuhlgerechte Herbergen in Deutschland, Österreich und der Schweiz sind schon vorhanden. Doch da steckt oft nur ein persönliches Engagement von einzelnen Personen dahinter, aber längst keine kulturelle Selbstverständlichkeit.

Das heißt, wenn das Novotel Würzburg ein vorbildhaftes Beispiel dafür ist, wie ein perfektes und behindertengerechtes Hotelzimmer auszusehen hat, dann mag schon das Novotel in Nürnberg ein glatter Reinfall sein, in dem nichts passt.

Müller wäre nicht Müller, wenn er nicht in diesem Problem auch sofort eine Marktlücke gesehen hätte, die es schnell zu schließen galt.

Es gibt genug registrierte Behinderte in Deutschlands Arbeitsämtern, die arbeitslos sind und alles tun würden, wenn sie eine Beschäftigung bekämen. Ich würde also diesem Personenkreis Arbeit verschaffen und sie als Hotelzimmer-Tester kreuz und quer durch Deutschland schicken wie eine Horde Hornissen. Sie würden die Zimmer untersuchen, die Mängel feststellen und sie mit dem Hotelier besprechen, damit er informiert ist und sie beseitigen kann. Alsdann würde das betreffende Hotel eine Plakette erhalten in Bronze, Silber oder Gold.

Meine Geschäftsidee, davon war ich überzeugt, würde dereinst zu einer großen Organisation heranwachsen, wir würden das Internet mit einbeziehen, und bald wäre der ehemalige «Schurke» wieder ein angesehener und erfolgreicher Geschäftsmann …

Auch gute Ideen finden nicht immer den Weg ins Leben. Zumal, wenn sich einige grundlegende Veränderungen einstellen.

Bisher war Josef der Macher. Ich saß am Steuer und entschied selbst, wie weit ich das Gaspedal durchdrücken wollte. Und das war schon einmal schiefgegangen.

Auch in meinem neuen Lebenskonzept wollte ich weiter aufs Gas treten, aber dieses Mal mit einem zuverlässigen GPS: einer Navigation, die mich einen sinnvollen Weg führt. Eine Zielführung, die nicht nur den kürzesten, sondern den besten Weg wählt. Im Gefängnis habe ich die Erfahrung gemacht, dass Gott immer da ist. Er ist die beste Navigation für mein Leben. Ich hatte gelernt, mit Gott zu reden wie mit einem guten Freund.

Und so sprach ich ihn auch hier an: «Herr, du kennst mich. Ich habe hier diesen tollen Plan – aber wo bleibst du dabei? Gib mir eine Aufgabe, bei der es auch um dich geht!»

Ich kannte mich nämlich sehr genau: Wenn ich so ein Projekt angehen würde, dann wäre die Triebfeder der Erfolg, und ich würde wieder sieben Tage in der Woche werkeln wie ein Besessener. Wenig Schlaf, ungesunde Mahlzeiten und sechzehn Stunden am Tag hinter meinem Schreibtisch. So wie früher.

Nun wird mancher Leser eher befremdet darüber sein, dass ich Gott einfach so mal locker fragen kann, ob dieses oder jenes gut oder schlecht sei, und darüber hinaus noch eine Antwort erwarte, die dann sogar noch kommt. Sprechen mit Gott?

Im Grunde genommen ist es ganz einfach, es ist der direkte Draht zur größten Kraftquelle, die uns zur Verfügung steht. Schon eine aufrichtig formulierte Bitte an IHN verändert uns. Worte haben Kraft, und es ist meine verbürgte Erfahrung, dass diese Bitten nicht ungehört verhallen.

Vielleicht war das die größte Veränderung in den Gefängnis-Jahren: Ich lernte, meine Sorgen und Bedürfnisse vor Gott auszusprechen. Das können ganz einfache Dinge aus dem banalen Alltag sein, wie die Frage, ob ich eine Einladung annehmen soll oder nicht. Aber das können natürlich auch wichtige Fragen sein – wie die nach meiner beruflichen Zukunft.

Und es funktioniert. Zwar nicht immer so, wie ich mir das Ergebnis gewünscht hätte, aber in einer Art, die mich so mit dieser Kraft verbindet, dass ich es heute nicht mehr missen möchte.

Ich hatte nach einem vierjährigen Bibelstudium im Knast und einer beginnenden Romanze mit dem Höchsten den inneren Drang, Gott immer einzubeziehen. Und auf die Antwort musste ich nicht lange warten. Immer und immer wieder waren mir in den Radiosendungen, die ich im Gefängnis mit meinem Kofferradio hörte, die Vorträge von Johannes Hartl, dem Leiter des Gebetshauses in Augsburg, aufgefallen. Und schnell hatte ich den Eindruck, dass sich meine berufliche Zukunft eher in diese Richtung bewegen würde als zu meinen Hoteltester-Plänen.

Ich wurde diesen Gedanken nicht mehr los und war mir sicher, dass dies der Fingerzeig Gottes war, auf den ich sehnsüchtig wartete.

Es war ein kühler September-Morgen im Sommer 2010, als ich mich mit dem Auto auf den Weg nach Augsburg machte, um Johannes Hartl endlich persönlich kennen zu lernen. Es gefiel mir dort auf Anhieb gut, weil die Mitarbeiter mich überaus freudig begrüßten. Nicht wegen, aber trotz meiner Zeit als Ganove und Ex-Knacki wurde ich geradezu familiär aufgenommen.

Die Begegnung mit ihnen gab mir einen guten Teil meiner Selbstachtung zurück, und ich wurde Zug um Zug auch der bisweilen recht derben Umgangssprache in der JVA Stadelheim entwöhnt. Ich war willkommen, ich wurde geliebt, und ich wurde gebraucht. Aber ich wollte ja arbeiten, und so fragte ich den Johannes: «Habt's ihr schon einen Steuerberater?»

Er grinste und antwortete: «Jetzt haben wir einen!»

Es dauerte nicht lange, und ich begann im Gebetshaus die steuerlich notwendigen Dinge zu organisieren. Meine früheren Kenntnisse als Steuerberater konnte ich gut einbringen, und zusammen mit Johannes, der schnell ein echter Freund wurde, starteten wir das Fundraising-Konzept «Davids Eid». Ich wurde der Projektleiter. Das war eine tolle Zeit, und es war – wie ich heute weiß – die Vorbereitung auf die weiteren unglaublichen Pläne, die Gott mit mir haben sollte.

Das Geldsammeln brachte den erhofften Erfolg. Schon bald konnten wir das Gebäude, in dem noch ein Fitnessstudio untergebracht war, für ein neues Gebetshaus kaufen. Mit dem Haus entstand ein Ort, an dem bis heute Menschen beten. Nicht einfach nur mal zwischendurch, sondern 24 Stunden am Tag, sieben Tage in der Woche. Das ist die schöne Vision der Gebetshaus-Bewegung: Orte in unseren Städten zu schaffen, an denen immerzu gebetet wird.

Mitten in unsere Augsburger Erfolgsgeschichte hinein geschah etwas völlig Unvorhersehbares. Die Leitung des Gebetshauses, für das ich viel Geld von mehreren hundert Spendern beschafft hatte, bat mich zu einer dringenden Unterredung. Mit schlotternden Knien und einem überaus mulmigen Gefühl fuhr ich an einem Donnerstag mit meinem Fahrzeug nach Augsburg, um dort vor der versammelten Mannschaft des Gebetshauses zu sitzen. Was folgte, war für mich wie ein Schlag in die Magengrube:

«Josef, was wir dir jetzt erklären müssen, ist für jeden Einzelnen so schwer verständlich und eigentlich unbegreiflich, dass es uns nicht leichtfällt. Wir haben beschlossen, unsere Fundraising-Aktivitäten einzustellen und auf deine Dienste zu verzichten. Auch wenn dies ökonomisch total hirnrissig ist, so haben wir alle denselben Eindruck von Gott erhalten: Wir sollten uns voll auf seine Versorgung verlassen und selbst nichts mehr dazu beitragen.»

Peng, das saß! Der Rest des Gespräches war für mich dann nur noch Blabla. Ich konnte keinen klaren Gedanken mehr fassen. Ich fühlte mich zum Kotzen, ausgelaugt, verlassen und sogar missbraucht. *Jetzt, wo das Gebäude des Gebetshauses durch meine Arbeit finanziert war, lassen sie mich fallen wie eine heiße Kartoffel.* So wirbelte es mir auf der 45-minütigen Heimfahrt durch meine Gedanken.

Ich war wie vor den Kopf geschlagen, meine Stimmung war unter dem Gefrierpunkt. Tagelang quälte ich mich mit der Frage nach dem Warum. Was hatte ich falsch gemacht, was hatte ich verbrochen, um dermaßen abserviert zu werden?

Ich fand keine Antwort, so sehr ich mir auch den Kopf zermarterte. Hatte sich Gott wieder von mir abgewendet? Oder verfolgte er einen anderen Weg mit mir? Ich fand keine Antwort, hatte sogar körperliche Schmerzen. So fühlte es sich also an, wenn man gebraucht, zerknüllt und dann achtlos weggeworfen wurde.

Es dauerte ein längere Zeit und brauchte viele Gespräche, auch mit einer Seelsorgerin, die mir in dieser Zeit beistand, um die Dynamik und meinen eigenen Anteil daran zu begreifen. Ein Alphatier wie Josef Müller kann nicht einfach mal schnell in jede Herde integriert werden.

Gleichzeitig weiß und verstehe ich heute viel besser als damals, dass die Überzeugung, rein aus dem Gebet zu leben, nicht nur eine theoretische, sondern eine ganz praktische Seite hat. Natürlich kann man mit Marketing und Fundraising erfolgreich sein. Aber ein Gebetshaus, das vollends auf dem Vertrauen zu Gott fußt, muss andere Wege gehen.

Georg Müller, der sogenannte «Waisenvater von Bristol», hat im frühen 19. Jahrhundert einen solchen Weg eingeschlagen. Er hat für Tausende von englischen Straßenkindern ein Zuhause geschaffen, Schulen und Ausbildungsstätten gebaut und ist damit zum Vater der sozialen Bewegungen auf der Insel geworden. Nie hat er öffentliche Gelder in Anspruch genommen, nie hat er um Geld gebeten. Sein ganzes Tun und Wirken basierte allein auf dem Gebet.

Plötzlich fiel es mir wie Schuppen von den Augen. Ich selbst war ein Teil des Problems gewesen. Die Situation veränderte sich durch meine Selbsterkenntnis natürlich nicht, aber mein Zorn und das Gefühl, ungerecht behandelt worden zu sein, wichen schlagartig. Meine Wunde begann zu heilen, schneller als erwartet.

Ernest Hemingway und ich – das passte!

Ich hatte in den Monaten seit meiner Entlassung vielen Menschen meine Geschichte erzählt. Ich erntete meistens ungläubiges Erstaunen, dass es so etwas in der Wirklichkeit geben könne. Der Kriminelle, der im Knast zu Gott fand und fortan nur noch Gutes tun wollte, das klang schon wie eine Fantasie-Geschichte. Doch immer wieder ermunterten mich Leute nach einem solchen Gespräch, doch ein Buch über meinen ungewöhnlichen Lebensweg zu schreiben.

Ein Buch schreiben – das war es! Am 1. August 2012 legte ich los. Ich war motiviert bis in die Haarspitzen. Josef «Hemingway» Müller – das prickelte! Es gab ja durchaus einiges, was uns verband. Nur das Schreiben musste noch hinzukommen. Und dann, schon nach einem Tag, der Absturz: hohes Fieber, Schüttelfrost, Gliederschmerzen. Über eine Woche lang lag ich kraftlos in den Federn.

«Lieber Gott, was soll jetzt das schon wieder?», seufzte ich in mein Kopfkissen. Hatte ich etwas falsch verstanden? Sollte dies gar nicht mein Weg werden? Ich war verzweifelt, ohnmächtig, mit den Nerven am Ende.

Es kam der Tag, an dem das Fieber so plötzlich verschwunden war, wie es mich überkommen hatte. Ich schrieb und schrieb und schrieb. Mein ganzes Leben, jeder Tag, kreiste nur ums Schreiben. Und jeder Satz konfrontierte mich mit meinem alten Leben. Mit der Jagd nach Geld, schönen Frauen, Vergnügungen. Manchmal kamen mir plötzlich die Tränen. Wie viele Jahre hatte ich nutzlos verplempert! Scham, ja manchmal Wut über mich selbst überkamen mich immer wieder.

Im Winter besuchte mich ein Freund, selbst Autor, der mir einen Verleger empfahl. Ich notierte also die Telefonnummer auf einem Zettel, den ich auf meinem Schreibtisch platzierte. Angerufen habe ich ihn nie. Fragen Sie mich nicht, warum, denn ich weiß es nicht.

Im Frühjahr 2013 lernte ich dann selbst zwei miteinander befreundete Verleger kennen, die sich ernsthaft für mich interessierten. Sie fragten mir geradezu Löcher in den Bauch, wollten alles haarklein wissen. Drei Tage später hatte ich einen Verlag. Und ich hatte nichts dazu getan. So, als hätte das alles jemand für mich organisiert.

Um es abzukürzen: Im Oktober 2013 erschien mein Buch

«Ziemlich bester Schurke. Wie ich immer reicher wurde», rechtzeitig zur Buchmesse in Frankfurt. Mein langjähriger Freund Charles Brauer, ehemaliger «Tatort»-Kommissar in Hamburg, präsentierte es der Öffentlichkeit. Damals wusste ich bereits, dass es zur Buchmesse etwa 35.000 deutsche Neuerscheinungen geben würde. Ich rechnete mir wirklich keine großen Erfolgschancen aus. Wer will denn die Lebensgeschichte eines vorbestraften Halunken lesen?

Doch wieder einmal hatte ich die Rechnung ohne den Wirt gemacht.

Das Interesse der Buchhändler auf der Messe war zunächst verhalten, aber als im christlichen Bereich der ERF-Medien-Verlag (TV und Radio) über mich und mein Leben berichtet hatte, zogen andere nach. Ich wurde in Talkshows eingeladen, war zu Gast in «Menschen bei Maischberger», durfte vor großem Publikum mit Anne Will, Markus Lanz und Frank Plasberg plaudern. Auch Peter Hahne lud mich ein, und so wurde ich immer bekannter.

Christliche Gemeinden baten mich zu Vorträgen, katholische, evangelische, freikirchliche. Ich redete bei Lions Clubs, Firmenveranstaltungen und Jugendevents, in Stadthallen, Zeltlagern, ja sogar in einer Schreinerei und einer Wassermühle. Und ich erzählte meine Geschichte, schilderte mein Leben in der High Society, als Steuerberater, der in Saus und Braus lebte. Ich berichtete, wie mich meine Gier in die Fänge der US-Mafia trieb, wie ich Millionen verzockte, mit dem Tod bedroht und vom bayerischen LKA und dem amerikanischen FBI international gejagt wurde.

Und wie es dann nach meiner überstürzten Flucht zur ersten Begegnung mit Gott in Miami kam. Und natürlich sprach ich über mein neues, mindestens ebenso spannendes Leben unter Gottes Führung, das ich jetzt so sehr genieße.

Was soll ich sagen? Die Bücher verkaufen sich. Mittlerweile in der dritten Auflage.

Diese Zeilen schreibe ich in Willingen/Sauerland in der Woche nach Ostern. Dort findet jährlich das Gemeinde-Ferien-Festival SPRING für Jung und Alt statt. Mehr als 3500 Christen aus dem ganzen deutschsprachigen Raum treffen sich hier, und ich darf zwei Workshops halten. Einer beschäftigt sich mit dem «Biblischen Umgang mit Finanzen», der andere mit «Erfolg trotz Behinderung». Zum Abschluss der Woche werde ich auf der Hauptbühne über meine wundersame Lebensänderung und mein Buch sprechen.

Das ist es, das ist jetzt meine Bestimmung. Ich bin unterwegs, ausgesandt sogar, möglichst vielen Menschen zu erzählen, dass es für Gott nie zu spät ist. Nach vielen Jahren, in denen mein Leben völlig zu scheitern drohte, nach einem Absturz, wie er schlimmer und erbarmungsloser kaum hätte sein können, möchte ich Ihnen sagen: Es gibt immer eine zweite Chance. Nutzen Sie sie, und stehen Sie wieder auf! Es gibt jemanden, der dabei an Ihrer Seite steht.

MEINE ERKENNTNIS TO GO!

Es gibt immer genügend Gründe, sich vom Leben resigniert zurückzuziehen. Bei mir hießen diese Entmutiger Gefängnis und Krankheit, Schulden und Scheidung. Manchmal ist das Leben blank und hart wie eine Billardkugel, und auch die Unbedarften wissen: «Auf einer Glatze kannst du keine Locken wickeln.» Aber eben gerade dann passiert doch das Überraschende. Eine Türe tut sich unerwartet auf. Ein neuer Lichtstrahl fällt ein, die Hintergrundstrahlung deines Lebens beginnt sich zu verändern. Das können wir nicht selber machen, aber wir können es erwarten, darauf lauschen, darüber staunen und erfahren, dass das bisher Erlebte lange noch nicht alles war. GO!

GO!-2

Verlassen?

Lektionen eines Gebrochenen

Freunde hat man fürs Leben – so wünscht sich das jeder. Die Wahrheit ist: Im Laufe eines Lebens gibt es nur ganz wenige Freundschaften, die durchhalten und vital bleiben. Viele Beziehungen kommen und gehen. Meine erste einschneidende Erfahrung auf diesem Feld fand kurz vor meinem achtzehnten Geburtstag statt.

Damals war ich Vollblut-Musiker und spielte Gitarre auf den Bühnen in meinem bayerischen Heimat-Landkreis vor den Toren der Landeshauptstadt München. Genau genommen spielte ich Solo-, Rhythmus- und Bass-Gitarre, und ich war alles andere als ein Zupfgeigenhansel. Der Josef Müller rockte, was das Zeug hielt. Blues, Soul, Funk und Beat, ich hatte alles drauf, und wenn ich spielte, kochte der Saal. Ich war der Geheimtipp, und besonders junge Mädels folgten mir auf meinen Tourneen durch Kneipen und Jugendtreffs.

Zarte vierzehn war ich, als ich erstmals auf einer Bühne stand, neben einem «Marshall»-Verstärkerturm in einer Dorfkneipe auf dem Land. Ich spielte insgesamt in sechs verschiedenen Bands mit Namen wie «Twen Four» (hatte ich selbst gegründet), «ora pro nobis» (das heißt «bete für uns», keine Ahnung, warum wir die damals so genannt haben) und «Groove».

Unsere Bretter, die ja angeblich die Welt bedeuten, standen im Landkreis Fürstenfeldbruck, in Baindlkirch, Mammendorf und Ried. Und die Kids kreischten, wenn ich in meinen engen Jeans auf die Bühne sprang und in die Saiten griff.

Während meine Bandkollegen meistens einfach vor ihren Mikrofonen herumstanden, warf ich mein ganzes im Fernsehen erworbenes Wissen in die Show. Ich hatte sie alle schon gesehen, die Beatles und die Rolling Stones, wie sie Mikroständer durch die Luft wirbelten und Mobiliar zertrümmerten. Und ich war Josef Müller. Ich sprang auf der Bühne herum, drehte Pirouetten, schob das Jungen-Kinn trotzig nach vorn und schüttelte meine lange Mähne in alle Richtungen. Headbanging à la Müller.

Das Publikum tobte, und die jungen Mädels kreischten ohrenbetäubend. Soweit ich mich erinnere, kam diese Personality-Show beim Rest der Band allerdings meistens nicht so gut an. Die Jungs fühlten sich, obwohl sie älter waren und einer sogar schon ein Auto besaß, wohl eher als eine Art Bühnendekoration statt als Teil der Show. Meiner Show. Kein Zweifel, der Hahn im Korb war ich. Und die Zahl meiner Fans in den Bauerndörfern wuchs stetig an.

Vielleicht hätte ich auch als Rockstar Karriere machen können. Besser als Udo Lindenberg sah ich aus – und besser singen konnte ich auch …

So ging es eine Zeit lang, ich erlebte unbeschwerte Jahre voller Spaß. Das Leben schien eine einzige große Party zu sein. Doch dann ereignete sich der Unfall, der mich auf die Bretter schickte und mir im wahrsten Sinne des Wortes den Boden unter den Füßen wegriss.

Ich schlief bei einer Heimfahrt von der Disco in Landsberg nach Fürstenfeldbruck hinter dem Steuer meines Ford Mustangs ein, kam von der Fahrbahn ab und landete in einem Waldstück. Erst nach Stunden wurden meine schwer verletzte Beifahrerin und ich gefunden und von der Feuerwehr aus dem Wrack befreit. Man brachte mich in eine Spezialklinik nach Heidelberg. Querschnittlähmung, so lautete die unbarmherzige Diagnose, neben vielen anderen Verletzungen. Das war 1973. Es war ein heißer Sommer, in dem ich da in einem Spezialbett in der Orthopädischen Unfallklinik lag und mich kaum noch bewegen konnte.

Ich war mir sicher, dass hier innerhalb kürzester Zeit ein wahrer Aufmarsch von Freunden stattfinden würde. Besonders auf all meine Eroberungen, all die aufgerissenen Bräute aus den Münchner Tanz-Tempeln wartete ich. Ja, sie würden kommen, sich um mein Bett scharen und Händchen halten. Schließlich war die Klinik nur drei Autostunden von meiner Heimat entfernt.

Doch so wie die beiden Landstreicher Estragon und Wladimir in Becketts wunderbarem Theaterstück «Warten auf Godot», wartete auch ich vergeblich. Zumindest auf die Menschen, auf die ich all meine Hoffnungen gesetzt hatte.

Mit jedem Tag wuchs meine Enttäuschung. Jedes Mal, wenn sich die Tür zu meinem Krankenzimmer öffnete, zuckte ich zusammen, um dann festzustellen, dass es nur die Schwester mit dem Nachmittagskaffee und einem Stück Streuselkuchen war.

Meine vermeintlich besten Freunde, ob weiblich oder männlich, lagen am Pool oder badeten im Wasser der Isar oder der Amper im herrlichen Sonnenschein. Was interessierte sie der Josef Müller und seine Gesundheit?

Irgendwann kam mir der Gedanke, wie ich an ihrer Stelle gehandelt hätte, wenn es einen von ihnen erwischt hätte. Wahrscheinlich wäre mein Mitgefühl auch nicht ausgeprägter gewesen.

Aber dann kamen andere Menschen, die mich nicht allein im Krankenbett liegen lassen wollten. Es kamen Leute, die mir Mut zusprachen und meine Hand in diesen schlimmen Stunden hielten. Ihnen waren die drei Stunden Fahrt nicht zu viel, trotz der Hitze und ohne Klimaanlage im Auto. Erstaunlicherweise kamen plötzlich auch Mädchen, die ich in Schule und Tanzsälen früher nicht beachtet hatte. Das war eine ganz neue Erfahrung, die sich eigenartig anfühlte. Da interessierten sich plötzlich Menschen für mich und meinen Zustand, die ich bis dahin mit kalter Arroganz ignoriert hatte.

Im Leben unterschätzt man die «Ruhigen» ja oft. Man nimmt kaum Notiz von ihnen, traut ihnen nichts zu. Und dann tauchen sie plötzlich in deinem Leben auf.

Eines Tages kam ein Mädchen zusammen mit seiner Mutter, um mich zu besuchen. Sie hieß Gisela, und wir hatten uns vorher vielleicht drei Mal getroffen und im Auto wild geknutscht, wie das halt damals so üblich war. Ehrlich gesagt, war das Mädel schon eine scharfe blonde Braut mit – wie man hier sagt – «Holz vor der Hütt'n».

Lieb und süß, dachte ich, als sie mich nach dem Krankenhaus-üblichen Geplänkel allen Ernstes fragte, ob ich sie heiraten möchte. Ihre Mutter, so stellte sich heraus, war nur mitgekommen, weil es damals üblich war, dass die Brauteltern für ein junges Paar das Schlafzimmer bezahlen. Und sie wollte nun wissen, ob mir Schleiflack oder Nussbaum lieber wäre. Sie hatte sogar – ungelogen – einen Prospekt mit Schlafzimmermöbeln dabei.

Schräg, sehr schräg, dieser Auftritt. An dieser Stelle stieg ich aus und entließ zwei enttäuschte Frauen zurück in ihr Leben. Erstens lässt sich ein Josef Müller nicht heiraten, sondern er heiratet selbst. Und zweitens ganz sicher ohne Mutter mit Schleiflack und Möbel-Prospekt.

Das sind die wahren Freunde, dachte ich mir bei den vielen anderen und freute mich, dass auch ich am Wochenende Besuch aus dem nicht allzu fernen Bayern in der Klinik bekam und nicht alleine war. Ich schwor mir damals, meine wahren Freunde künftig besser auszusuchen und zu behandeln. Ich wurde um die Erfahrung reicher, dass man nie Menschen unterschätzen soll. Wenn man eine lebensnotwendige Hilfe braucht, dann wird es eng. Ich gebe zu, von einigen war ich sehr enttäuscht, nachdem ich begriffen hatte, dass ich ihnen im Grunde nichts bedeutete. Aber so ist das Leben.

Meine Reha dauerte ein halbes Jahr. Dann durfte ich zurück in mein Elternhaus. Mit den Leuten, die ich bis zu meinem Unfall für Freunde gehalten hatte, wollte ich nichts mehr zu tun haben. Ich mied sie, denn ich hatte begriffen, wie oberflächlich sie waren und dass man sich nicht auf sie verlassen konnte. So schmerzhaft es war, so wertvoll war diese Erfahrung doch für mich, wenn ich heute zurückblicke. Ich hatte etwas für mein Leben gelernt: In guten Zeiten, da sind sie alle gern dabei. Aber wenn man durch dunkle Täler muss, dann zeigt sich, wer wirklich die Bezeichnung «Freund» verdient.

Letztlich war ich sehr froh, dass sich überhaupt jemand für mich interessierte. Das gab mir Kraft und Lebensmut. *Ich habe noch sehr viel zu lernen,* dachte ich damals, *damit mein Leben nicht wieder in alte Bahnen abrutscht.*

Alle Objektive auf mich! Ein Ignorant der übelsten Sorte

Jahre später, als erfolgreicher Steuerberater und Multi-Unternehmer, drehte sich mein Freundeskreis wegen der geänderten Interessen wieder. Jeder Selbständige, der zeitlich und terminlich gut verplant ist, weiß, wovon ich spreche. Viele der alten Freunde, die ihren gewohnten Hobbys und Interessen nachgehen, ziehen sich zurück. Es war schwierig, am Abend oder am Wochenende mit einem – sagen wir mal respektlos – «Beamten» gemeinsame Stunden zu verbringen, weil sich jemand mit einem derart geregelten Alltag das oftmals hektische Power-Leben eines Josef Müller gar nicht vorstellen konnte.

So kommt es, dass sich ein Freundeskreis meistens aufgrund ähnlicher Profession entwickelt. Das können Menschen mit einem gleichen oder wesensverwandten Beruf sein, aber auch Kunden, Lieferanten oder Geschäftspartner. Das war bei mir so, und ich sah es auch bei vielen anderen. In der knappen Freizeit, die mir blieb, wollte ich das Angenehme mit dem Nützlichen verbinden.

Gleiche Interessen, gleiches intellektuelles Niveau, wenn möglich gemeinsame Geschäfte – das war die Formel bei der Suche nach Freunden. Welch ein Irrweg! Heute weiß ich, dass sich Gegensätze anziehen, ja, dass sie das eigene Leben beflügeln können. Das gilt im Alltag, und ich glaube, das gilt auch in einer Ehe. Aber natürlich ist nicht jeder so drauf wie ich. Andere Menschen, andere Vorlieben, so will ich es mal zusammenfassen.

Bei mir jedenfalls blieben zu der Zeit die weniger erfolgreichen Menschen bewusst vor der Tür. Sie interessierten mich nicht, sie langweilten, ja sie nervten bisweilen. Ich zeigte ihnen die kälteste Schulter.

«Wollen wir uns mal wieder treffen?»

«Nein, ich habe zu tun!»

Schaut her, welche Prominenten heute meine Freunde sind,

dachte ich oft, wenn das grelle Scheinwerferlicht der Großen und Schönen auch auf mich und meine Begleiterinnen fiel. Josef Müller – das war die Botschaft, die ich ausstrahlte – ist mal wieder ganz nah dran.

Und die Entwicklung begünstigte diese Haltung. Als Konsul und Grandseigneur der Güteklasse A stand ich wieder selbst im Mittelpunkt. Alle Objektive auf mich! Konnte so ein toller Hecht wie ich seine Zeit mit irgendeinem Lieschen Müller verplempern? Dann schon lieber mit Konsulats-Kollegen und anderen Millionären Modell stehen für die Fotografen und Berichterstatter der Regenbogenpresse. Wichtig war, dass das seidene Einstecktuch gerade saß.

Dass jeder Mensch etwas ganz Besonderes ist, innere Werte und einen ehrenwerten Charakter haben könnte – auf so einen Gedanken wäre ich niemals gekommen. Ich war ein Ignorant der übelsten Sorte; reich, erfolgreich, aber im Grunde ahnungslos.

Immerhin fiel mir irgendwann auf, dass ich die meiste Zeit von Speichelleckern umgeben war. Ich bezahlte immer, und ich bezahlte alles. Im Wirtshaus, in der Diskothek, immer waren Horden von Menschen um mich herum, die über jeden flachen Witz laut lachten, bei jeder meiner Lebensweisheiten an meinen Lippen hingen. Wild ging es in meiner Nähe zu, und Groupies gab es in Hülle und Fülle. Wenn eine allein zu einem Treffen kam, ging sie sicher nicht allein nach Haus. Erotik lag in der Luft, wenn Müller zum Tanz bat.

Das war nicht nur im Münchner Nacht- und Partyleben so. In Champagner- und Wodkalaune, zugekokst als Teil der sogenannten High Society, genießt es sich halt besser, wenn ein anderer in den Morgenstunden die astronomisch hohe Rechnung des Hauses, meistens im vierstelligen Bereich, übernimmt.

Die Lebensgewohnheiten im Jetset der Münchner Schickeria sind ein ganz eigenes Thema. Zu Hause essen war mega-out. Fast jeden Abend saß ich in einem der angesagtesten Gastro-Tempel der Stadt zum Essen. So eine typische Josef-Müller-Nacht begann, immer begleitet von stets lach- und beifallsbereiter Entourage, beim «Käfer», im «Bogenhausener Hof», im «Tantris» oder – wenn es mal etwas förmlicher zugehen musste – im «Bayerischen Hof».

Zur standesgemäßen Ausstattung gehörte eine gepflegte, gern etwas flippige weibliche Begleitung, die mit ihren Reizen nicht geizte. Kleider konnten nicht eng und nicht kurz genug sein. Ich liebte es, aufzufallen und dafür bewundert zu werden, was sich für zweibeinige Sahneschnittchen an meiner Seite räkelten.

Wenn ich heute so darüber nachdenke, weiß ich gar nicht mehr, wo ich die jungen Damen alle kennen gelernt hatte. Sie waren einfach da, so wie eine hübsche Dekoration im Wohnzimmer. Und ich strahlte und genoss es in vollen Zügen.

Hatten wir das Dinner hinter uns, zog die ganze Müller-Festgesellschaft um. So um Mitternacht eroberten wir Nachtlokale wie Birgit Biederers «Maximilian» oder das «Park-Café». Ein paar Stunden später zog es uns vielleicht in Michael Käfers «P 1» am Englischen Garten im Haus der Kunst. Wir tanzten bis zur Erschöpfung, man nahm wie selbstverständlich Drogen und schüttete sich den Kopf zu. Wer dann noch nicht genug hatte, zog mit Josef Müller in den frühen Morgenstunden noch weiter ins «Nachtcafé» am Maximiliansplatz.

Irgendwie waren es immer dieselben paar hundert Menschen, denen man an denselben Orten Münchens begegnete. Zu den gleichen Zeiten. Nur die Begleitungen wechselten. So lebte ich Tag für Tag und Jahr für Jahr in der bayerischen Metropole.

Man flitzte im Sommer die rund 300 Kilometer über den Brenner nach Italien zum Gardasee. Wen traf man dort? Die bekannten Münchner Gesichter, mit denen man sich immer und immer wieder die Nächte um die Ohren schlug. Wobei, im Sonnenlicht kamen mir die Reichen und Schönen aus der Schicki-Micki-Gesellschaft irgendwie alle viel älter vor.

Ja, und dann gab es noch die Hochfeste der Szene. Man traf sich natürlich auf dem Oktoberfest, in Käfers «Wiesn-Schänke», in «Kufflers Weinzelt» oder in Sepp Krätz' «Hippodrom». Und im Winter am Arlberg, in Zürs und Lech sowie im bekannten Winter- und Promisportort Kitzbühel in wunderschönen Tirol. Und dann auch an der Côte d'Azur und in Los Angeles, Miami, Dubai, auf den Seychellen und, und, und …

Wie in der berühmten Geschichte vom Rennen zwischen Hase

und Igel war immer irgendwer aus der Münchner Schickeria schon da, wenn man ankam. Es war schon eine seltsame Zeit damals, und es würde mich nicht wundern, wenn es heute noch genauso wäre.

So etwas Langweiliges, wird nun vielleicht der ein oder andere Leser denken, aber es war nicht die Bohne langweilig, denn uns bewegte immer etwas, zum Beispiel wenn wieder Neureiche auftauchten, die wir neugierig beobachteten. Was für Kleidung trugen sie, worüber sprachen sie, was für ein Auto fuhren sie? Oder auch, wenn welche von einem Tag auf den anderen nicht mehr auftauchten, zum Beispiel, weil sie einen Konkurs hingelegt hatten und sich den ganzen Zirkus nicht mehr leisten konnten. Mitleid hatten wir mit keinem von ihnen, ein Schulterzucken nur und: Ciao!

Meine Groupies liebten mich, und auch die Münchner Presse meinte es gut mit Josef Müller. Ich war der Mann im Rollstuhl, der Champagner und schöne Frauen liebte, der sein Leben perfekt meistert und es als Steuerberater und Konsul zu etwas gebracht hatte. Alles lief rund, so schien es. Doch das änderte sich, als ich den Fehler beging, mir Geld von Mandanten zu leihen. Nie stand in Frage, dass ich dieses Geld zurückzahlen wollte, und am Anfang klappte das auch noch. Doch ich lieh mir immer mehr, und irgendwann wurde mir klar, dass ich diesen gewaltigen Batzen niemals würde zurückzahlen können. Damit begann mein Abstieg.

Nach und nach wurde der Druck unerträglich. Ich hatte eine große Dummheit begangen und war bereit, die Konsequenzen zu tragen. So zeigte ich mich bei der Staatsanwaltschaft in München selbst an. Das brachte mir Anfang der Neunziger eine Verurteilung zu vier Jahren Haft ein. Eine Strafe, die ich allerdings nicht antreten musste, weil mich der Gutachter der Vollstreckungs-Staatsanwaltschaft aus gesundheitlichen Gründen für haftunfähig erklärte.

Die Presse war plötzlich überhaupt nicht mehr nett zu mir. Nun wisse man ja, woher all das viele Geld stammte, das ich in langen Münchner Nächten verprasst hatte. Dass ich seit Jahren als fleißiger und, wie ich mit gebotener Bescheidenheit sagen möchte, guter Steuerberater mehrere Kanzleien wirtschaftlich erfolgreich betrieb und auch mit anderen Unternehmen gutes Geld verdient hatte, wollte niemand mehr hören. Irgendwie passte es nicht ins gewünschte Bild, dass so ein verurteilter Betrüger auch noch eine ehrliche und seriöse Seite haben könnte. Hängt ihn auf – das war die Devise der Meute.

Uli Hoeneß, Manager des FC Bayern, hat das ja auch erleben müssen. Was jemand für sein Land geleistet hat, wie vielen Menschen er in persönlichen Notlagen geholfen hat, es interessiert niemanden. Wer im Licht der Öffentlichkeit glänzt, darf kein Verständnis und keine Fairness erwarten, wenn er ins Straucheln gerät.

Verstehen Sie mich nicht falsch: Wer Steuern hinterzieht,

muss bestraft werden. So ist das Gesetz. Aber erinnern Sie sich an die mediale Häme, als Hoeneß das erste Mal ein Wochenende Freigang hatte und bei seiner Familie sein durfte? Es war einfach widerwärtig.

Schlechte Presse ist in der Schickeria ein lautes Signal an die ganze Szene, sich vom Ausgestoßenen mit maximaler Geschwindigkeit abzusetzen. Und natürlich waren sie wieder alle weg, die sogenannten Freunde, als Müller negative Schlagzeilen produzierte. Schlagartig galt: Rette sich, wer kann! Wer noch in meiner Nähe gesehen wurde, lief Gefahr, die Aufmerksamkeit der scharfen Hunde aus der schreibenden Zunft auf sich selbst zu ziehen. Und jeder, den es traf, war dann ebenfalls fix raus aus dem Schlaraffenland.

Im Grunde genommen erwies sich der sofortige Rückzug von 99 Prozent der sogenannten Freunde als Glücksfall. Denn was waren das für Menschen? Eine Bande von Schöntuern und Heuchlern, wie mir bald klar wurde. Sie suchten nie wirklich meine Freundschaft, sondern sie wurden angezogen von einem Magneten namens Josef Müller, der hip war und mit Geld um sich warf.

Und ich hatte es sogar genossen und tat selbst nichts dazu, um ehrliche Freundschaften aufzubauen. Ich war Teil dieser Scheinwelt. Doch immerhin beschloss ich jetzt: Diese Schmarotzer brauchte ich nicht mehr um mich.

Es gab natürlich, auch das will ich nicht verschweigen, einige ganz wenige Ausnahmen; Menschen, die die Bezeichnung «Freund» mehr als verdienten. Einer hielt immer zu mir und interessierte sich ehrlich für mich und nicht für das schillernde Drumherum: Charles Brauer, der ehemalige «Tatort»-Schauspieler, hielt jederzeit zu mir. Er besuchte mich im Knast, er half mir und war da, wenn ich ihn brauchte.

Und natürlich: Meine Eltern hielten auch immer zu mir, egal ob ich ganz oben war oder senkrecht nach unten fiel. Meine Mutter war die Liebe in Person und mein Vater das strenge Gegenstück. Aber gerade in Krisenzeiten wussten beide, dass ihr Josef jetzt einen starken Rückhalt brauchte. Und diesen Rückhalt gaben sie mir. Immer.

Einfach war es für sie nicht, denn meine Eltern lebten in einer sehr konservativen Einfamilienhaus-Siedlung, in der jeder jeden kannte. Dass der einzige Sohn eines Kriminalbeamten verhaftet, verurteilt und auf Jahre ins Gefängnis gesperrt wurde, klang höchst verdächtig für die Nachbarn. Hatten die Eltern vielleicht bei der Erziehung ihres Sohnes etwas falsch gemacht? Waren sie nicht streng genug? Ich möchte nicht wissen, was meine Eltern damals alles für ihren Josef an übler Nachrede und Häme ertragen mussten.

Vorverurteilungen sind fast so etwas wie ein Mord ohne physische Gewalt. Nicht umsonst spricht man ja bei so etwas auch von Rufmord. Ich kann davon mehr als genug berichten. Und dabei verschließe ich die Augen überhaupt nicht vor eigenem

Fehlverhalten. Davon gab es mehr als genug. Es ist wie eine Seuche, die einen befällt. Man kommt nur schwer wieder davon los. Ich schaffe es heute auch nur, indem ich mir Jesus und seine grenzenlose Liebe als Beispiel vor Augen halte.

Übrigens: Jesus prangerte zu seiner Zeit die Pharisäer an. Sie sollten nicht anderen schwere Lasten auferlegen, sondern erst einmal bei sich selbst anfangen. Zu denjenigen etwa, die beinahe eine stadtbekannte Ehebrecherin zu Tode steinigen wollten, sagte er: «Wer ohne Sünde ist, der werfe den ersten Stein!» Daraufhin ging einer nach dem anderen weg, und sie ließen die Steine zu Boden fallen. Jesus vergab der Sünderin sogar, allerdings mit der Maßgabe, fortan eben nicht mehr zu sündigen. Das ist eine Geschichte aus der Bibel, die mir sehr gefällt.

Wickeltisch und Kinderwagen? Das war nichts für mich

Wenn ich über die Menschen schreibe, die ich auf meinem bisherigen Weg durchs Leben kennen gelernt habe, dann komme ich nicht um einen Aspekt herum, der mich bis heute bedrückt. Ich hatte nie eigene Kinder. Wie immer in solchen Fällen, gab es gute Gründe dafür. Die richtige Frau für gemeinsame Kinder fehlte. Außerdem hätte mein, sagen wir zurückhaltend, flotter Lebensstil wohl verhindert, dass ich mich genug um eigenen

Nachwuchs gekümmert hätte. Oder meine vielen Reisen, immer auf Achse, wie sollte so etwas funktionieren?

Die Wahrheit liegt auch bei diesem Thema wohl ganz woanders. Ich hatte einfach Angst davor, erwachsen und sesshaft werden zu müssen. Ein Kind hätte mein Leben verändert, mehr als mir damals lieb gewesen wäre. Der Josef am Wickeltisch statt an der Theke, mit Kinderwagen und Milchfläschchen durchs Nobelviertel statt auf Jagd nach den schärfsten Bräuten? Ich konnte, ich wollte mir das nicht vorstellen.

Heute, und das schreibe ich aus tiefstem Herzen, bereue ich es. Aber wer weiß. Vielleicht werden sich meine Wege noch mit einer wunderbaren Frau kreuzen. Ich überlasse es heute meinem Lebensweg, den ein ganz anderer für mich entworfen hat. Heute weiß ich, dass jeder Plan Gottes perfekter ist, als mein eigener es je hätte sein können.

Meine Urangst: Verlassensein

Niemand, der mich bei einem Vortragsabend oder auch im privaten Kreis erlebt, hat eine Vorstellung davon, wie es mir in meiner Kindheit ergangen ist. Von meinen Eltern habe ich bereits berichtet, aber im familiären Zusammenhang steht auch ein schlimmes Erlebnis, das ich als damals Zehnjähriger hatte. Ich bekam zu der Zeit einen schweren Keuchhusten. Das Atmen wurde mir zur Qual, abends lag ich in meinem Bettchen und hatte Angst zu ersticken. Es war furchtbar.

Zur weiteren Behandlung empfahlen die Ärzte, mich in das heilklimatische Kinderkrankenhaus Achatswies bei Fischbachau, nahe den bayerischen Alpen, einzuweisen. Damals war es eine Außenstelle des Schwabinger Krankenhauses in München.

Meine Eltern brachten mich mit ihrem VW Käfer hin. Wie ich später erfuhr, hatte man ihnen empfohlen, mir nichts über den geplanten längeren Aufenthalt im Krankenhaus zu erzählen. So führte man uns in Achatswies in ein Besucherzimmer. Es kam dann eine Schwester und sprach leise mit meinem Vater, der daraufhin den Raum verließ. Kurze Zeit später ging auch meine Mutter unter dem Vorwand, sie müsse zur Toilette gehen. Ich dachte mir nichts dabei und war sicher, dass sie innerhalb von Augenblicken beide wieder bei mir wären. Aber das war ein Irrtum. Ich starrte die weiße Tür an, hoffte, dass sie sich öffnete und ein bekanntes Gesicht hereinschaute. Doch mein Vater und meine Mutter kamen nicht mehr.

Der Schwester Oberin war es dann überlassen, mich darüber «aufzuklären», dass meine Eltern abgefahren seien. Sie hätten mich verlassen, weil ich so ungehorsam gewesen sei. Können Sie sich vorstellen, wie entsetzlich das für mich war? Es war der Schock meines Lebens. Meine Eltern hatten mich verlassen. Ich brach zusammen und fing haltlos an zu weinen. Die Schwestern lösten solche Situationen damals mit ungeheurem pädagogischen Feingefühl: Ich bekam so lange «Watschn» rechts und links, bis endlich Ruhe war.

An weitere Arten von Züchtigung kann ich mich nicht mehr erinnern, aber Watschn gab es ständig. Tat ich irgendwas nicht, was verlangt wurde – peng! –, hatte ich eine sitzen. Meine Eltern, so erinnere ich mich noch genau, hatten mir zum Spielen einen Kran dagelassen. Als mir der dann nach einigen Tagen vom Balkon meines Zimmers in die Tiefe fiel, wurde ich allerdings besonders streng gemaßregelt. So viel weiß ich noch, der Rest ist in meinem Unterbewusstsein vergraben. Ich will es dort mal belassen.

Es war unerfreulich unter der Knute der strengen Schwestern, aber das Schlimmste war das Gefühl, von den eigenen Eltern allein zurückgelassen worden zu sein, ohne ein Wort des Trostes und ohne wenigstens den Versuch einer Erklärung. Immerhin wurde ich nach einer gefühlten Ewigkeit, verbunden mit beinahe täglichen Züchtigungen, und dank der erfrischenden Bergluft wieder gesund.

Meine Freude war unbeschreiblich, als eines Tages meine Eltern doch wieder vor mir standen, um mich nach Hause zu holen. Ich sprang meine Mutter regelrecht an und klammerte mich minutenlang an ihr fest. «Mutti, du bist zurückgekommen …»

Ich schildere diese Episode, weil das Erlebte bei mir eine Urangst, eine Art Psychose im Kopf hinterließ, an der ich mich über Jahre immer wieder abgearbeitet habe. Ich habe erfahren, dass der Druck dieses Traumas mit den Jahren nachließ. Aber einfach nur wegwischen kann man es nicht.

Was sich in jungen Jahren im Kopf eines Kindes festsetzt und welche Auswirkungen das auf ein ganzes Leben haben kann, davon hatte ich damals noch keine Ahnung.

Mir fallen diese Dinge immer wieder ein, wenn ich in der Zeitung oder den Nachrichten von den Plänen deutscher Politiker, ja sogar der Bundesregierung, höre, die Mütter so schnell wie möglich nach der Geburt ihres Kindes wieder in den Arbeitsprozess einzugliedern. Es ist schlimm, was man den Kindern damit antut, und fast so schlimm ist, dass bei der ganzen Diskussion um Kita- und Krippen-Verwahrung die Frage, was das Beste für ein Kind ist, überhaupt keine Rolle spielt. Es geht ausschließlich darum, gut ausgebildete Fachkräfte für die Unternehmen zu haben, es geht um Selbstverwirklichung, es geht um alles Mögliche. Nur nicht um die Kinder.

Kein Einjähriger würde, könnte man ihn fragen, ob er tagsüber von seiner Mutter oder seinem Vater getrennt werden möchte, mit Ja antworten. Aber man kann Einjährige halt nicht fragen. Und jeder, der mal frühmorgens in einem Kindergarten war, sieht, wie schwer so vielen Kindern die allmorgendliche Trennung von der wichtigsten Vertrauensperson fällt. Wie viel wird da geweint und gestrampelt, an jedem Morgen, bis dann eine Erzieherin den oder die Kleine festhält und der Mutter (im Regelfall) zuraunt: «Am besten gehen Sie jetzt schnell.»

Irgendwann, nach ein paar Wochen, hört das Weinen und Strampeln dann auf, und die Eltern versichern sich selbst, dass es ihrem Kind ja total gut gefalle, dort in der staatlichen Aufbewahrung, wo sie ja so viel Bildung bekommen und so toll Sozialverhalten lernen. Aber was im Kopf und in den Seelen ihrer Kinder passiert, das verdrängen sie. Ich habe es selbst erlebt als Zehnjähriger, und es war furchtbar.

Verlassen werden – schon das Gefühl, verlassen zu werden – ist ganz schlimm. Später im Leben bin ich oft von Frauen verlassen worden, und ich war meistens selbst schuld daran, aber die Wunde aus meiner Kindheit heilte nie so ganz.

Manchmal ertappte ich mich, wenn ich ein interessantes schönes Geschöpf kennen gelernt hatte, bei dem Gedanken, wie lange es wohl dieses Mal dauern würde, bis sie den Josef Müller stehen ließe. Vermutlich strahlte ich diese innere Unsicherheit schon beim ersten Date aus, und Frauen, die sich nicht nur von Äußerlichkeiten blenden ließen, ahnten bald, was mit mir los war.

Die beiden Frauen jedenfalls, die eine wirklich wichtige Rolle in meinem Leben gespielt haben, waren die Christl, mit der ich zehn Jahre lang zusammenlebte und die mich dann plötzlich verließ; und viel später meine einzige Ehefrau Sandra, die mich nach nur vier Ehejahren alleine ließ, zu meinem Chauffeur zog und ihn später heiratete.

Ich kann das heute ohne Bitterkeit erzählen, denn ich selbst tat das Meinige dazu, dass beide irgendwann genug von mir hatten. Heute verbindet mich sowohl mit Christl als auch mit Sandra eine gute Freundschaft, und ich bin glücklich darüber.

Was ich aus der Erfahrung des Verlassenwerdens gelernt habe, ist, den Wert von Treue und Beständigkeit wirklich zu schätzen. Wer den unsagbaren Schmerz selbst erlebt hat, der sollte selbst nicht untreu werden und auch seinen Partner und seine Familie nicht so ohne weiteres verlassen. Aber – ja, ich war nie ein Kind von Traurigkeit, ich habe meine Partnerinnen betrogen und mich zu wenig um ihre Bedürfnisse und Träume gekümmert. Ich bedauere das zutiefst, und ich kann es nicht oft genug bekennen.

Wir alle lassen uns auf intensive Beziehungen ein, zu den Eltern, zum Partner und auch zu Freunden. Die Enttäuschung, verlassen zu werden, ist das schlimmste Leid, das eine Seele erleben kann. Gerne würde ich diese Enttäuschung endgültig überwinden. Gerne würde ich in Zukunft mehr Verantwortung in einer Partnerschaft übernehmen. Ganz sicher würde ich nie mehr mit einer Frau über Jahre zusammenleben, ohne um ihre Hand anzuhalten.

Und wenn Sie mich fragen: «Wie kann man die Angst zu scheitern, das Risiko, verlassen zu werden, minimieren?» Dann empfehle ich: Überstürzen Sie nichts! Meine Ehefrau Sandra kannte ich weniger als drei Monate vor unserer Verlobung in Monte Carlo. Erst nach unserer Hochzeit, nach weiteren drei Monaten, lernte ich sie besser kennen.

Je enger die Beziehung zu einem anderen Menschen wird, desto mehr erwarten wir vom anderen Treue und Beständigkeit. Ganz ehrlich: bei Ehepartnern hundert Prozent. Das ist richtig, das ist aufrichtig, aber einfach ist es nicht. Und das unterscheidet letztlich die Bindung zweier Menschen auch von der persönlichen Bindung zu Gott, so wie es in der Bibel steht und wie ich es fest glaube. Gott ist immer treu, wenn man sich wirklich auf ihn einlässt.

Mir kommt dabei die Geschichte von Petrus auf dem Wasser in den Sinn. Vielleicht ist sie ein Schlüssel zu meinen Verlustängsten.

> Petrus fuhr des Nachts mit anderen auf einem Boot über den See Genezareth. Da sahen er und die anderen auf dem Boot im Dunkeln eine Gestalt, über das Wasser gehend, auf sie zukommen. Einige fürchteten sich sehr und hatten Angst, dass dies ein Gespenst sei. Doch als die Gestalt näher kam, erkannte Petrus, dass es Jesus war. Der rief zu ihnen:
>
> «Fürchtet euch nicht, ich bin es, Jesus.»
>
> Da rief Petrus zu der Gestalt: «Wenn du es bist, dann befiel mir, auf dem Wasser zu dir zu kommen.»

> Und Jesus antwortete ihm: «Komm her», und Petrus stieg aus dem Boot und ging auf dem Wasser auf Jesus zu.
>
> Als Petrus aber auf den starken Wind und die Wellen sah, erschrak er sehr und begann zu sinken und rief zu Jesus: «Hilf mir!»
>
> Und Jesus streckte die Hand aus, ergriff ihn und sprach: «Du Kleingläubiger, warum hast du gezweifelt?»

Genau so sehe ich das heute. Wenn ich auf den schaue, der immer treu zu mir ist, also auf Gott, dann habe ich keine Angst mehr. Denke ich aber nach, was Menschen mir schon angetan haben und was ich erleben musste, dann beginnt sich meine Angst auszubreiten, und ich fange an zu fürchten, dass die nächste Partnerschaft wieder so enden wird, wie ich es schon so oft erlebt habe.

MEINE ERKENNTNIS TO GO!

Die frühen Prägungen im Leben haben Langzeitwirkung. Wir alle kennen den Schmerz von Verletzung und Verlusten. Sie sind unsere Behinderungen. Diese tiefen Ängste aufzuspüren und sich mit ihnen anzufreunden, ist eine Lebensaufgabe. Ich durfte erfahren, dass es einen gibt, der trotz meiner Un-

treue an seiner Treue zu mir festgehalten hat, der da war, als ich verlassen wurde, und der dablieb, wo ich andere verlassen habe. Weil Jesus sein Herz für uns gegeben hat, können auch wir unser Herz immer wieder an andere verschenken.

Riskiere dein Herz. GO!

GO!–3

Grenzen?

Mein Leben im Rollstuhl

Mit achtzehn Jahren traf mich das Schicksal, hart und unerwartet.

Ich war mit Brigitte, einer wunderbaren jungen Frau, auf dem Heimweg von einer Party in der Landsberger Disco «Upperside» und nickte ein. Ein Samstag im Juli 1973, mein fetter Ford Mustang schleuderte von der Staatsstraße 2054 zwischen Fürstenfeldbruck und der Ortschaft Maisach nahe des Gewerbegebiets Hasenheide, und bevor ich irgendetwas tun konnte, krachten wir frontal gegen eine Eiche.

Die nächsten Sekunden waren so intensiv, dass ich sie niemals mehr vergessen werde. Der dröhnende Krach des überdrehten Motors, die Splitter im Gesicht, das Blut und vor allem die Hilfeschreie Brigittes. Und dann, ganz abrupt, völlige Stille. Es war kalt, und es regnete, um uns herum nur schwarze Nacht, unterbrochen vom Lichtkegel des rechten Scheinwerfers, der zunächst noch strahlte, bevor ein Kurzschluss die Dunkelheit um das Wrack und seine beiden eingeklemmten Insassen perfekt machte.

Erst nach Stunden entdeckte uns ein zufällig vorbeikommender Autofahrer und alarmierte Polizei und Nothelfer. Mit einer Rettungsschere schnitten uns die Feuerwehrleute aus dem Blechberg und brachten uns mit viel Tatü-Tata ins Kreiskrankenhaus Fürstenfeldbruck. Brigitte erlitt bei dem Unfall eine wirklich komplizierte Unterschenkelfraktur. Bei mir ging es im wahrsten Sinne des Wortes um Leben und Tod. Ich hatte einen

Schädelbruch, Knochenbrüche – auch das Schlüsselbein war durch – und eine, wie sich herausstellen sollte, verhängnisvolle Verletzung des Rückenmarks davongetragen.

Zur Behandlung brachte man mich mit einem Bundeswehr-Hubschrauber in die Orthopädische Uniklinik in Heidelberg-Schlierbach, als die akute Lebensgefahr vorbei war. Die Diagnose war niederschmetternd. Ich hatte eine schwere Rückenmarksverletzung, und mein behandelnder Arzt machte sich gar nicht erst die Mühe, drumrumzuschwafeln: «Herr Müller, Sie sind querschnittgelähmt und werden für den Rest Ihres Lebens im Rollstuhl sitzen. Finden Sie sich damit ab, dass es keine Heilungschancen gibt!»

Es traf mich wie ein Schlag mit dem Holzhammer vor den Kopf. Querschnittgelähmt! Rollstuhl! Ich, der Josef Müller ... Unvorstellbar! Eine Frechheit geradezu, die sich das Leben mit mir erlaubte. Was sollte nun werden? Rockstar? Dieses Thema war jedenfalls durch.

In den ersten Wochen fand ich kaum Schlaf, ja, ich rebellierte gegen die Diagnose, die ich wie ein ungerechtes Urteil empfand. Einspruch, Euer Ehren! Ich habe noch so viel vor, das kann nicht schon alles gewesen sein. Ich will leben, Erfolg und Spaß haben, die aufregendsten Frauen der Welt kennen lernen und möglichst flachlegen. Aber wie sollte das im Rollstuhl möglich sein?

Die Hoffnung stirbt zuletzt, besagt ein deutsches Sprichwort, und es ist wahr. Ich klammerte mich an die Hoffnung, den Ärzten könnte irgendwas entgangen sein. Um ein Wunder flehte ich nicht, aber an jedem Morgen wachte ich in der Erwartung auf, an diesem Tag könnte ich meine Beine wenigstens wieder ein kleines bisschen bewegen. Doch es geschah nichts.

Und so begann ich ganz automatisch, meine Situation anzunehmen. Ein Leben im Rollstuhl? Ich war wahrlich nicht der einzige und schon gar nicht der erste Mensch auf der Welt, den ein solches Schicksal traf. Irgendwie musste, irgendwie würde es weitergehen.

Die Tage vergingen, und mein Lebensmut kehrte zurück. Diagnose hin oder her, ein Müller wird es schaffen, da war ich mir ganz sicher. Und das Leben musste schließlich weitergehen.

Ich weiß nicht, wie ich es Ihnen genau beschreiben soll; es waren eigentlich erst ein paar Tage in der Uniklinik vergangen, als ich deutlich spürte, dass eine Kraft in mir aufkam. Vielleicht klingt es in Ihren Ohren ein wenig merkwürdig, aber es entstand trotz meiner höchst unerfreulichen Situation eine Art positiver Spannung. Ich war neugierig, wie ich zukünftig meinen Alltag würde meistern können.

Konnte ich als Rollstuhlfahrer Karriere machen? Wie würden meine (neuen) Freunde auf mich reagieren, und vor allem: Wie würde es mit den Frauen weitergehen? Würden Sie den Josef Müller jetzt noch anschauen? Würden sie mit mir flirten, ja, mich sogar als Mann begehren? Das Leben, da war ich ganz sicher, hatte noch einiges mit mir vor. Aber ich hatte damals noch keine Ahnung, wie recht ich mit diesen Gedanken haben sollte.

Wäre mir damals eine Wahrsagerin mit magischer Kugel am Krankenbett erschienen und hätte mir gesagt, was ich in den kommenden Jahren alles erleben und anstellen würde – ich hätte es für unmöglich gehalten. Aber da keine Wahrsagerin kam, wurde ich im Laufe der Zeit immer wieder überrascht von den vielen Wendungen, die mein Leben nahm.

Ich beschloss also für mich, gar nicht behindert zu sein! Ich war am Gehen verhindert, aber ansonsten das gleiche sonnige Kerlchen, das ich vor dem Unfall gewesen war.

Bis heute werde ich immer wieder von anderen Menschen darauf angesprochen, warum ich stets so gut drauf bin. Es ist einfach mein Naturell, und viel später erst, als ich in einer Gefängniszelle saß und beschloss, mein Leben radikal zu verändern, gab es noch mal einen Turbo-Booster-Power-Schub, der mir weitere Kraft und Energie brachte. Und das war die göttliche Kraft.

Nach meiner Entlassung aus der Klinik und dann Tag für Tag, Woche für Woche, Monat für Monat lernte ich, Dinge, die unabänderlich sind, ganz einfach zu akzeptieren. Klar, ich informierte mich natürlich über den Stand der wissenschaftlichen Forschung. Wie gesagt, die Hoffnung stirbt zuletzt, und wenn es irgendwo noch einen Funken davon geben sollte, dann wollte ich das wissen. Ich flog 1986 sogar bis nach Miami, wo es an der Universität von Florida «The Miami Project – to cure paralysis» gab.

Marc Buoniconti, selbst im Rollstuhl, hatte mit seinem Vater Nick eine Stiftung ins Leben gerufen, um Wege zu erforschen, Menschen mit einer Rückenmarksverletzung heilen zu können. Wissenschaftler aus der ganzen Welt arbeiteten in diesem Projekt in Miami. Begleitet von meiner langjährigen Freundin Christl besuchte ich einige der leitenden Ärzte und informierte mich über den Stand ihrer Forschung. Und manchmal war ich wie elektrisiert, wie weit die Wissenschaft bei der Erforschung dieses Leidens vorangekommen ist.

Ich sprach mit einem Dr. Green, der mir von Versuchen mit Mäusen und Ratten berichtete. Sie brachen den Tieren die Wirbelsäule und führten so eine künstliche Querschnittlähmung herbei. Dann pflanzten sie ein winziges Verbindungsteil mit einer Regenerationsflüssigkeit ins Rückenmark, und nach sechs bis acht Wochen konnten die «Viecherl» wieder laufen. Ich selbst habe diese Versuchstiere gesehen. Bei Hunden waren ähnliche Experimente allerdings gescheitert.

Den entscheidenden Durchbruch oder eine echte Chance auf Heilung gibt es bis heute noch nicht. Viele hoffen, mit Hilfe der Stammzellenforschung in den nächsten Jahren Resultate erzielen zu können. Für mich wird das wahrscheinlich zu spät kommen.

Das Miami Project war jedenfalls in dieser Forschung die Nummer 1 auf der ganzen Welt. Vielleicht lag es daran, weil hier Spezialisten aus ganz unterschiedlichen Ländern, wie zum Beispiel Norwegen und China, zusammen an einem gemeinsamen Ziel arbeiteten.

Die USA sind ein wahres Paradies für Rollstuhlfahrer. Die Helden dort sind die «Veterans», also Männer, die für ihr Land in mörderischen Kriegen im Irak oder Afghanistan gekämpft und dabei körperlichen Schaden erlitten haben. Diese behinderten Ex-Soldaten werden von ihrem Land als das behandelt, was viele auch wirklich sind: Helden! Zu jedem Einzelhandelsgeschäft, jeder Arztpraxis, jedem Supermarkt, eigentlich zu allem gibt es eine Rampe. Barrierefreie Toiletten überall. Sonst viel ebenerdig, und in jedem zweistöckigen öffentlichen Gebäude ist ein entsprechender Lift gesetzlich vorgeschrieben.

Ich weiß, dass es eine stattliche Anzahl deutscher Rentner gibt, die ihren Lebensabend im Rollstuhl verbringen müssen und die sich in Florida ein kleines Häuschen gekauft oder für die Zeit des deutschen Winters gemietet haben. Wenn es hier im November kalt und ungemütlich wird, fliegen sie in den «Sunshine State» und überwintern dort unter Palmen.

Ja, ich habe natürlich gehofft und geschaut, ob es vielleicht doch eine winzige Chance auf Heilung geben könnte. Und dann bekam ich irgendwann das Buch von Dale Carnegie «Sorge dich nicht – lebe! Die Kunst, zu einem von Ängsten und Aufregungen befreiten Leben zu finden» geschenkt. Das Buch tat mir gut.

Ich merkte bald, dass es völlig unsinnig ist, sich an der Frage nach dem «Warum» festzuhalten. Warum musste gerade mir dieser Unfall passieren? Warum musste ich mir dauernd die Nächte mit Partys um die Ohren schlagen, so dass ich irgendwann völlig übermüdet die Kontrolle über mein Auto verlor? – Es ändert doch nichts, es quält nur die Seele und verstellt den Blick auf das, was wichtig ist: die Zukunft.

Ich bin Realist genug, um zu wissen, was Wahrscheinlichkeitsrechnung ist. Jeden Tag trifft es irgendwo einen oder mehrere Menschen, und dieses Mal war halt ich an der Reihe gewesen. Pech gehabt, abhaken!

Heute weiß ich, dass die bessere Frage «Wozu?» gewesen wäre. Das konnte ich danach noch nicht so sehen und schon gar nicht beantworten. Blicke ich heute zurück auf diese Jahrzehnte im Rollstuhl, so kann ich schon eher Vermutungen anstellen, wozu gerade *mir* dieser Unfall passieren musste.

Heute weiß ich, dass ich mit meinem Lebensmut und meiner Energie manche Menschen ermutigen konnte. Ich erinnere mich an den Leiter eines Supermarktes in München. Der hatte ernsthaft vorgehabt, sich das Leben zu nehmen. Sechs Monate später kamen wir zufällig ins Gespräch. Er sagte:

«Ich war damals echt am Ende mit meinem Leben und wollte an diesem Tag Schluss machen. Dann sah ich dich im Supermarkt, wie flink du deinen Einkauf alleine bewältigst, wie freundlich du zu den Menschen warst und was für eine ungeheure Lebensenergie du ausstrahltest. Ich war so fasziniert davon, und plötzlich wurden meine Probleme immer kleiner und kleiner.» Er kam ins Nachdenken und entschied sich für das Leben.

«Josef», sagte er zu mir, «an diesem Tag hast du mein Leben gerettet.»

Das war ein wirklich krasses Zeugnis. Doch ich erlebe wirklich, wie mir immer wieder Menschen schreiben, dass sie durch mich Ermutigung erfahren haben. Das berührt mich jedes Mal tief.

Rollstuhl oder nicht: Jeder Morgen beginnt mit einem Espresso

Vielleicht wird der eine oder andere Leser denken, der Müller erzählt hier so locker, als wäre eine Querschnittlähmung eine Art Zuckerschlecken. Und das ist es weiß Gott nicht. So ein Schicksalsschlag muss erst einmal verdaut werden, man muss sich auf die neue Situation einstellen.

Während meiner Rehabilitationszeit von ungefähr sechs Monaten bis Anfang 1974 wurde das Haus meiner Eltern umgebaut, damit ich es barrierefrei benutzen konnte. Das Bad wurde vergrößert und ein Lift eingebaut. Hätten meine Eltern das nicht aus eigenen Ersparnissen vorleisten können, so würden sie heute vermutlich noch auf die staatlichen Zuschüsse zur Finanzierung all dessen warten.

Aber, wie gesagt: Der erste Schritt in mein neues Leben war der Vorsatz: «Ich fühle mich gar nicht behindert, sondern bleibe der Josef Müller, der ich immer war. Ich kann halt nur nicht gehen.»

Und so stürzte ich mich, kaum hatte ich mich zu Hause wieder eingewöhnt, auch gleich in die Arbeit. Im Jahr 1980 wurde ich Steuerberater und konnte im Haus meiner Eltern meine erste Steuerkanzlei eröffnen.

In diesem Jahr werden es 42 Jahre sein, die ich durch diesen Unfall auf die Benutzung eines Rollstuhles angewiesen bin. 42 Jahre voller Spannung, Erlebnisse und Langzeiterfahrungen. Ich möchte keine einzige dieser Erfahrungen missen. Die Guten nicht, und die weniger Guten auch nicht. Die Guten haben mir geholfen, meinen Weg weiterzugehen, und die weniger Guten haben mich gestärkt.

Wenn Sie das als Leser in der Praxis interessiert, nehme ich Sie mal in meinen Tagesablauf und in ein paar Situationen mit, mit denen Sie als Nichtbehinderter weniger oder gar nicht konfrontiert werden. Um es vorweg zu nehmen: So viel Unterschied besteht gar nicht, wie man sich das vielleicht denkt.

Ich stehe jeden Morgen zwischen fünf und sechs Uhr auf. Das

ist mir nur möglich, weil ich spätestens um 22.30 Uhr im Bett bin. Es beginnt stets damit, dass ich mir einen Espresso koche. Dann fahre ich mit meinem Rollstuhl ins Bad, erledige die Morgentoilette, dusche mich.

Mein Roll-in-Shower-Ritual muss ich Ihnen näher erklären. Ich fahre einfach mit dem Rollstuhl ins Badezimmer, steige um in die Dusche. Wasser marsch! Einseifen, abspülen, abtrocknen – genau wie andere Menschen auch, nur auf Rädern. Bei Hotelaufenthalten gibt es meistens eine sogenannte «Roll-in-Shower», das heißt, ich fahre mit dem Rollstuhl direkt unter die Dusche. Anschließend muss ich dann allerdings mit dem Badehandtuch nicht nur mich abtrocknen, sondern auch meinen Rollstuhl.

Danach frühstücke ich eine Kleinigkeit und beginne meinen Tag mit dem Lesen in der Bibel, meiner sogenannten «Stillen Zeit». Ich unterhalte mich dabei mit Jesus, ganz so, als säße er als ein Freund neben mir. «Guten Morgen, Herr», beginne ich dann, «danke für diesen neuen Tag, der sicher wunderbar werden wird.» Ich bespreche die Dinge, die für den Tag so anstehen, mit ihm: meine offenen Fragen, meine ungelösten Probleme, meine Hoffnungen und Befürchtungen.

Aus dem, was ich dort höre, denke und in der Bibel lese, poste ich auf Facebook seit ein paar Monaten regelmäßig einen Tagesimpuls, der auch meinen Freunden Kraft und Ermutigung geben soll.

Ich weiß nicht, wie Sie sich in Form halten, aber als Rollstuhlfahrer ist das eine besondere Herausforderung. Ich habe ein spezielles Trainingsgerät, mit dem ich meinen Körper morgens in Schwung bringe. Auch damit geht es mir wie vielen Nicht-Behinderten. Das teure Trainingsgerät steht da, aber man muss immer wieder den inneren Schweinehund überwinden und sich die Zeit nehmen, es regelmäßig zu nutzen.

Um 8.30 Uhr sitze ich meistens an meinem Schreibtisch, der ein großes Panoramafenster zum Garten hat. Es ist einfach herrlich, direkt vom Arbeitsplatz aus in die Natur blicken zu können. An warmen Tagen verlege ich meinen Arbeitsplatz ganz an einen großen Tisch auf meiner Terrasse. Leider ist dies bei unseren Temperaturen in Deutschland, auch in Bayern, nicht immer spontan möglich.

Mittags schnippel ich mir sehr gerne und oft einen frischen Salat mit all den Zutaten zurecht, die ich im Kühlschrank so finde. Dazu taue ich mir dann vielleicht ein Stück Lachs auf oder wickle kleingehacktes Gemüse in einen Wrap. Wichtig ist, viele Naturprodukte zu einem kulinarischen Kunstwerk zu verbinden. Fertiggerichte esse ich so gut wie nie. Und dabei ist mir auch völlig egal, welche Wunderdinge auf der Verpackung angepriesen werden.

Wir leben ja in Zeiten, in denen immer mehr und gerade sehr viele junge Leute unter Übergewicht leiden, was häufig selbst verschuldet wurde. Ich habe vor ungefähr zehn Jahren über 35

Kilo abgenommen, einfach nur, weil ich meine Ernährung auf Salat und Obst umgestellt hatte. Jetzt versuche ich, mit reduzierten Kohlenhydraten mein Gewicht zu halten. Oder wenn ich ehrlich bin: Ich würde gern noch fünf weitere Kilos loswerden.

Sie sehen: Selbst bei diesen Dingen führe ich ein ganz normales Leben, so wie alle anderen Menschen auch.

Der Nachmittag verläuft wie der Vormittag. Ich vereinbare Termine mit Veranstaltern, berechne Reisezeiten und arbeite an meinen Vorträgen, die immer etwas verschieden sind, je nach Wunsch des Veranstalters und dem Thema des Abends. Meine Mitarbeiterin Dorothe hilft mir stundenweise im Innendienst, obwohl sie hauptberuflich einen Job in der Automobil-Zulieferindustrie hat. Sie engagiert sich sehr für mich. Es ist ihr eine Herzensangelegenheit, meine Arbeit voranzubringen.

Wunderbar, wenn man Menschen um sich herum hat, die vom gleichen Glauben angetrieben werden, Gutes zu tun.

Bis zum Frühjahr bin ich zu Veranstaltungen meist alleine gefahren. Nur ab und zu hatte ich Dorothe oder jemand anderen mitgenommen, um mich zu entlasten. Als es mir jedoch im Februar 2015 zu viel wurde und mein Armgelenk zunehmend schmerzte, betete ich zu Gott, mir eine Unterstützung zu schicken. Einige Tage darauf fragte ich im sozialen Netzwerk Facebook mehr so nebenbei, ob jemand bereit wäre, mich zu unterstützen.

Wie ich später erfuhr, «ploppte» im selben Augenblick meine

Facebook-Seite auf dem Computer einer jungen Frau namens Laura in der Nähe von Aachen auf. Sie war irritiert, schaute sich meine Seite dann aber genauer an. Was soll ich sagen? Keine zwanzig Minuten nach meinem «Hilferuf» zu Gott meldete sich Laura bei mir und fragte, ob und wie sie mir ehrenamtlich helfen könne.

Solche Dinge passieren wirklich. Ständig. Und nicht nur mir. Man muss bloß die Augen und vor allem das Herz öffnen, dann entdeckt man an jeder Ecke Gottes Wirken im Alltag von uns allen.

Laura und ich verabredeten uns zum Kongress Christlicher Führungskräfte in Hamburg, auf dem ich einen kleinen Messestand unterhielt. Wir verstanden uns auf Anhieb. Es passte einfach zu gut, um es nur einen Zufall zu nennen.

Mit Lauras Ankunft löste sich dann auch noch ein ganz anderes Problem. Mein Vater war 2013 im Alter von 97 Jahren verstorben. Die Wohnung in dem Haus, das er mir hinterließ, war dringend renovierungsbedürftig. Und ich hatte den inneren Drang verspürt, dies gleich nach seinem Ableben in die Wege zu leiten. Zwei Freunde, auch Dorothe, erklärten sich bereit, mit anzupacken, und mit den wenigen Mitteln, die mir mein Vater hinterlassen hatte, konnte ich das notwendige Material und ein paar Möbel kaufen. Als alles fertig war, sah es sehr schön aus. Aber die Wohnung war leer. Frisch renoviert, aber leer.

Ich konnte mich nie überwinden, sie an einen Fremden zu vermieten. Das hing damit zusammen, dass man in den 50er Jahren, als mein Vater das Haus gebaut hatte, wenig Wert auf Schall- und Lärmschutz legte. Man hörte jeden Schritt, der im Obergeschoß gelaufen wurde, als Holzknarren bis hinunter ins Erdgeschoss. Der Gedanke, einen Mieter zu haben, der den ganzen Tag da oben hin und her läuft, war der reinste Horror für mich.

Als aber nun Laura zu unserem Team stieß, hatte ich eine perfekte Verwendung für die Räume. Denn nun wohnte meine Mitarbeiterin dort, und es gab mir das Gefühl, dass auch diese Begebenheit kein Zufall, sondern von langer Hand so vorgesehen gewesen war. Bei ihrem Federgewicht hörte ich übrigens gar nichts, wenn sie auf Socken in ihrer Wohnung herumspazierte. Eine bessere rechte Hand, eine intensivere Unterstützung konnte ich mir kaum vorstellen. Aber ich musste flexibel bleiben, denn Ende Juli beendete sie ihr Engagement, um in ihrer nordrhein-westfälischen Heimat eine Ausbildung zu beginnen.

Nun bin ich gespannt, was passieren wird. Wird Gott erneut irgendwo einen Fingerzeig geben, der jemanden zu mir führt?

Zurück zu meinem Tagesablauf. Gegen Abend, meist nicht zu spät, esse ich noch etwas Kaltes oder den Rest vom Mittagessen. Dann arbeite ich weiter, lese noch ein wenig, beende den Tag mit einem Zwiegespräch: Ich fasse den Tag zusammen und berichte Jesus, was mich bewegt hat. Dann mache ich mich frisch für die Nacht und lege mich schlafen.

So sieht ein ganz normaler Arbeitstag bei Josef Müller aus. Jedenfalls, wenn ich zu Hause arbeiten kann.

Warum ich auf Reisen immer ein paar Holzklötze mitnehme

Seit mein Buch «Ziemlich bester Schurke» ein Renner geworden ist, gibt es keine Woche, in der ich nicht zu Vorträgen und öffentlichen Veranstaltungen unterwegs bin. Ich spreche in Buchhandlungen und Gemeinden, vor Investment-Bankern und Firmenchefs, bei Jugendveranstaltungen und in Schulen.

All das ist zu bewältigen, es erfordert nur ein wenig Planung. Eine echte Herausforderung für einen Rollstuhlfahrer sind die gesundheitlichen Begleiterscheinungen durch die schlecht-durchbluteten Körperteile. Auch ich habe so meine Zipperlein, die mich immer wieder strapazieren. Seit meinem Unfall im Jahr 1973 macht mir vor allem die Blase oft zu schaffen. Kein schönes Thema, aber ich will ehrlich sein und weiß, dass fast jeder Mensch so eine Schwachstelle hat, über die aber nicht gern geredet wird.

Sehr leicht bekomme ich durch Bakterien einen Harnwegs-infekt, der mitunter auch sehr schmerzhaft ausarten kann. Mitunter sogar begleitet von Fieber. Es gibt kaum Möglichkeiten, einer solchen Erkrankung vorzubeugen. Wenn ein Harnwegsinfekt auftritt, so drei bis vier Mal im Jahr, dann muss ich immer einen Arzt aufsuchen. Bei sonstigen Wehwehchen vertraue ich stets auf pflanzliche Abwehrstoffe und die gute alte Naturheilkunde. Aber wenn mich die Bakterien angreifen, ist das kein Spaß.

Der Urin wird beim Urologen getestet, und es wird eine Kultur angelegt, das heißt, man sieht, welche Bakterien nach drei Tagen gewachsen sind. So stellt der Arzt fest, auf welche Antibiotika der Keim schon resistent oder noch sensibel ist. So erhalte ich das passende Antibiotikum, und dann geht es relativ rasch, bis ich wieder gesund und fit bin.

Leider tritt ein solcher Infekt oft gerade dann auf, wenn ein wichtiger Termin ansteht oder ich auf meinen Vortragsreisen bin. Nicht selten fahre ich auch unter starken Schmerzen zum Auftrittsort. Klar, es hilft dann immer, viel Wasser zu trinken. Aber schmerzfrei macht es mich nicht. Trotzdem habe ich es bisher fast immer geschafft, meine vereinbarten Termine einzuhalten. Ich habe gelernt, darauf zu vertrauen, dass da jemand ist, der mich schützt und der mir die Kraft dazu gibt.

Diese Veranstaltungen, zu denen ich eingeladen bin, um über mein Leben zu sprechen, finden fast immer abends statt. Und nicht selten wird es nach dem offiziellen Teil noch spät, weil viele Besucher noch ein persönliches Wort mit mir wechseln oder Bücher signiert haben möchten. Findet der Vortrag an einem Veranstaltungsort im Umkreis von zweihundert Kilometern zu meinem Wohnort bei München statt, fahre ich anschließend immer noch nach Hause. Ist es weiter entfernt oder findet am Folgetag noch eine Anschlussveranstaltung statt, übernachte ich in einem Hotel.

Damit ich immer eine echte Nachtruhe finde, habe ich mir im Laufe der Zeit ein gewisses Improvisationsvermögen angeeignet. So führe ich im Auto immer Holzklötze verschiedenster Größe mit mir, um ein zu niedriges Bett durch die quadratischen Bretter als Unterlage für eine Nacht zu erhöhen. Je mehr praktische Erfahrungen ich damit mache, umso erfinderischer werde ich dabei. Mit einer gewissen Lässigkeit und auch einer Prise Selbstironie kommt man fast immer gut klar.

Seit dem 1. Mai 2002 gilt ja das Behindertengleichstellungsgesetz (BGG) in Deutschland. Es regelt die Gleichstellung behinderter Menschen im Bereich des öffentlichen Rechts und ist ein wichtiger Teil der Umsetzung des Benachteiligungsverbotes aus Artikel 3, Absatz 3, Satz 2 des Grundgesetzes («Niemand darf wegen seiner Behinderung benachteiligt werden»). Im Wesentlichen geht es jedoch um die Barrierefreiheit von öffentlichen Ämtern und Behörden. Aber bis es dazu kam, musste jeder Behinderte, also auch ich, seinen eigenen Kampf gegen die nichtbehinderte Welt kämpfen.

Ich will konkreter werden: Oft war ich früher – als ich immer reicher wurde – mit einem auf meine Bedürfnisse umgebauten Wagen unterwegs. Am Anfang war es ein Opel Rekord, später ein Mercedes, ein BMW oder Rolls Royce, ein Ferrari oder ein Maybach oder sonst ein – aus heutiger Sicht überflüssiger – Luxusschlitten. Im Kofferraum befand sich ein Rollstuhl, den ich ausschließlich benutzte, um aus dem Auto auszusteigen und von dort aus weiter mit eigener Handkraft zu fahren. Ein anderer Rollstuhl war in meiner Garage und blieb auch dort stehen, um nach der Rückkehr im Haus wieder benutzt zu werden.

Ich fuhr also zum Beispiel in die Innenstadt von München zum Einkaufen. Ich parkte meinen Wagen auf einem ausgeschilderten Behindertenparkplatz und ließ beide Seitenscheiben herab. Dann wartete ich, bis ein Fußgänger vorbeiging, und sprach ihn an, ob er mir nicht freundlicherweise meinen Rollstuhl aus dem Kofferraum heben könnte. Das klappte meistens problemlos. Ich öffnete sodann von innen mittels eines Knopfes die Heckklappe des Kofferraums, der Passant hob mein Gefährt heraus und schob es zu mir auf die Fahrerseite. Ich bedankte mich höflich, schwang mich vom Fahrersitz auf den Rollstuhl und schloss die Kofferraumklappe. Dasselbe Prozedere bei der Abfahrt.

Immer fand ich freundliche und hilfsbereite Menschen. Nur ein- bis zweimal in vierzig Jahren lehnten es Menschen mit der Begründung ab, dass sie zu sehr in Eile seien.

Ein anderes wichtiges Thema: das Autotelefon. Das gab es damals in den 70er Jahren noch gar nicht. Als die ersten Telefone aufkamen, kosteten sie sage und schreibe um die 25.000 Deutsche Mark und wogen ungefähr 15 Kilo. Klar, dass ich einer der Ersten in München war, der so eins hatte. Ich erinnere mich, dass es das A-Netz genannt wurde. Ich musste über ein «Fräulein vom Amt» anmelden, das heißt, ich gab meine Wunschnummer an, und die Dame der Deutschen Bundespost rief mich zurück und stellte dann die Verbindung her. Umständlich war das alles, und Gespräche brachen sehr oft mittendrin ab.

Mit dem B-Netz verbesserte sich einiges, die Geräte wurden kleiner, und die Technik befand sich im Kofferraum. Aber wenigstens konnte man die Teilnehmer direkt anwählen. Der Preis war immer noch horrend: 20.000 Mark. Für die Generation Smartphone, mit der wir es heute zu tun haben, gar nicht mehr vorstellbar. Mir hat es trotzdem geholfen, denn ich konnte am Zielort von meinem Auto aus jemanden anrufen und um Hilfe bitten. Oder vor einem Geschäft parken und telefonisch darum bitten, dass mir jemand die gewünschten Waren zum Auto bringt.

Wenn ich in den 70er Jahren das Haus oder das Büro verließ, erntete ich oft mitleidige Blicke der anderen Menschen. Der arme Kerl, so dachten sie sicher, muss im Rollstuhl sitzen und hat kein Leben mehr, sondern nur noch Leiden. Oft bemühten sie sich so sehr, sich nichts anmerken zu lassen, dass es erst recht auffiel.

Kinder waren da unkomplizierter. Sie kamen auf mich zu und fragten ohne jede Scheu: «Onkel, warum kannst du denn nicht gehen?» Dann mischten sich sofort die Erwachsenen ein: «Lass den Mann in Ruhe!» oder «Man spricht nicht einfach fremde Leute an!».

Dabei hatte ich gar kein Problem damit, ja, ich mochte und mag es, wenn jemand direkt auf mich zukommt. Kinder fragen aus echtem Interesse, und sie denken sich nichts dabei. Im Laufe der Erziehungs- und Schulzeit gewöhnt man ihnen dann diese positiven Eigenschaften ab, so dass sie als Erwachsene der Norm entsprechen.

Heute hat sich viel zum Positiven verändert. Ein Rollstuhlfahrer erregt kein Aufsehen mehr, zumindest in der Stadt. Wenn ich unterwegs bin, bemerke ich höchstens mal erstaunte Blicke, wenn sich Leute fragen, woher ich diese Power habe und warum ich so unverschämt gut gelaunt bin. Aber nur sehr selten werde ich noch von Fremden angesprochen. Dabei würde ich so gern jedem erzählen, wie Gott mich zu dem Josef Müller gemacht hat, der ich heute bin.

Ich glaube, dass einer im Himmel auf einen schaut und achtgibt. Manche nennen ihn Schutzengel – ich nenne ihn Gott.

MEINE ERKENNTNIS TO GO!

Kann man im Rollstuhl Hürden überwinden? Man kann! Manches ist durch eine gute Infrastruktur zu regeln, aber das Entscheidende passiert im Kopf. Ja, Inklusion muss gedacht und besprochen werden, aber vor allem muss sie gelebt werden. Ich habe beschlossen, nicht behindert zu sein. Dieser Tatsache jedenfalls nicht mehr Aufmerksamkeit zu schenken als nötig. Der Rollstuhl ist für mich Gabe und Aufgabe. Ich soll zeigen, dass Grenzen nicht das Ende eines Weges bedeuten. Kurzum – das Leben will dir Beine machen.

GO!

GO!-4

Exzess?

Adieu Drogen und Alkohol!

Von einem Bayern erwartet man grundsätzlich, dass er Biertrinker ist. Die ganze Welt kennt mittlerweile die bewegten Bilder vom Oktoberfest, die via Fernsehen in jeden Winkel des Planeten gesendet werden. Alle sind glücklich, alle erscheinen lebenslustig, und alle tragen Lederhosen. «Oans, zwoa, gsuffa ...!» Japaner oder Amis, die nach München kommen, kaufen sich rot-weiß karierte Hemden und Lederhosen, kehren in unseren urgemütlichen Wirtshäusern ein oder nehmen Platz im Biergarten und denken dann: Wenn sie sich eine Maß bestellen, erkennt sie keiner mehr als Touristen.

Ganz ehrlich: Ich konnte mich mit dieser ganz speziellen bajuwarischen Bier-Kultur nie so richtig anfreunden. Bier oder andere alkoholische Getränke fand ich bis zu meinem 25. Lebensjahr einfach nur bitter und grässlich. Ich trank meine Spezi, Cola, Wasser oder auch mal einen Fruchtsaft.

Meine Freundin Christl war da schon aus anderem Holz und einem guten Schluck immer gern zugeneigt. Ihre besondere Vorliebe galt nach dem Essen dem guten italienischen Grappa und lieber noch einem anständigen Obstler, bevorzugt Williamsbirne. Nix für mich, dachte ich und vermisste nichts. Doch bald nach meinem 25. Geburtstag änderte sich das, und ich weiß gar nicht mehr genau, warum eigentlich.

Es war die Zeit, als ich mich an den Wochenenden häufig und gern in Bardolino am Gardasee herumtrieb. Ich hatte dort einen Teil des Hauses mit dem klingenden Namen «Villa Barbara» von meinem Freund Harry gemietet, um mich vom harten Dasein eines Steuerberaters zu erholen. Im ersten Stockwerk, das meistens leer stand, wohnte Harry selbst, wenn er mal zu Besuch kam. Die Villa war nach seiner Mutter benannt, und ab und zu war die 85-jährige Lady auch selbst zu Gast, um nach dem Rechten zu sehen.

Das Beste an der Villa war die Terrasse. Ach was, Terrasse; fast so groß wie ein Fußballfeld war sie. Mein Freund Harry übte den schönen Beruf eines Modefotografen aus – einer der ganz Großen im Geschäft. Fotografierte die hübschesten Models in der Südsee, auf Hawaii, in Los Angeles oder sonst irgendwo auf der Welt, wo sich die schöngewachsenen Starlets ablichten ließen. Später sah man die Bilder in den Katalogen von Neckermann, Quelle und anderen Versandhäusern.

Wenn das Wetter gut war, brachte er auch gerne mal zwei, drei Models mit in die Villa und fotografierte vor italienischer Kulisse. Er war zwanzig Jahre älter als ich und, was Frauen anging, sehr wählerisch. Kein Model war ihm gut genug für eine Liaison. Aber je älter er selbst wurde, desto weniger Frauen interessierten sich für ihn. Außerdem hatte er eine Eigenschaft, die keine Frau wirklich schätzt: Er war überdurchschnittlich geizig – ein Ausschlusskriterium.

Harry hatte das Haus gekauft und alles renoviert. Den Sonnenuntergang auf dieser Terrasse genießen zu können, ließ paradiesische Gefühle aufkommen.

Das ganze Erdgeschoss wurde von mir und der jeweils aktuellen Begleiterin genutzt. Alles in rosa Granit und mit feinstem italienischem Mobiliar ausgestattet.

Fast jeden Freitagnachmittag im Sommer raste ich mit einigen anderen gut situierten Freunden aus München über die Autobahn bis an den «Lago». Drei Stunden dauerte das in unseren schnittigen Flitzern. Manchmal ging es schneller, sofern nicht anderer Autoverkehr unsere kleinen Rennen behinderte. Geschwindigkeitsbegrenzungen? So etwas Langweiliges gab es damals in Italien nicht.

Jeder von uns hatte eine besondere Aufgabe. Der Typ mit dem Porsche und seine neue Braut besorgten das bayerische Bauernbrot aus der Königlich Bayerischen Hofpfisterei (die Bäckerei stellt seit dem Jahre 1331 Brote für den Königshof her und befand sich zu Anfang sogar im Besitz von Kaiser Ludwig, dem Bayern). Ich mit meinem Mercedes Cabrio und meiner Freundin, der Christl, holte die Weißwürscht bei Münchens bekanntestem Metzger Bauch in der Isarvorstadt ab. Die BMW-Crew fuhr beim «Käfer» in der Prinzregentenstraße vorbei und besorgte die übrigen Brotzeit-Utensilien.

Fuhren noch weitere Freunde mit, erhielten sie ebenfalls Besorgungsaufträge. Jeder musste etwas mitnehmen für eine ausgiebige Brotzeit, die wir dann unter der strahlenden italienischen Sonne auf unseren Schnellbooten auf dem «Lago» verzehrten. Wir fuhren dazu mit unseren Booten auf die Mitte des Gardasees oder in eine stille Bucht. Vorneweg die Christl und ich auf meiner Zwölf-Meter-Motoryacht mit dem schönen Namen «Follow me». Das passte gut, denn mir folgten ja die Jetsetter aus der Münchner Schickeria.

Hatten wir ein lauschiges Plätzchen gefunden, verbanden wir unsere Boote mit einem Tau. Das Verrückte an diesen immer gleichen Abläufen war nicht, dass wir in Italien jedes Wochenende bayerische Brotzeitorgien veranstalteten, sondern der Umstand, dass wir dann mit denselben Leuten auch unter der Woche abends meistens beim Nobelitaliener in München hockten. Verkehrte Münchner Welt sozusagen.

An Bord floss zur Brotzeit natürlich ausgiebig gekühltes Weißbier, das auch von einer Crew aus München herangeschafft worden war. Hätte ich in diesem Umfeld gesagt: «Ich würde gern eine Spezi trinken», wäre ich ausgelacht worden. Also trank ich mit.

Anfangs schüttete ich das Gerstengebräu zögerlich und angewidert in mich hinein, um es dann möglichst schnell, in einem unbeobachteten Moment, in den Gardasee zu spucken. Aber wie das so ist mit den Dingen, die man eigentlich nicht mag: Meistens gewöhnt man sich dann doch nach einer gewissen Zeit daran. Und zugegeben, bei dreißig Grad Celsius und mehr gibt es kaum etwas Besseres als ein eisgekühltes Hefeweizen.

Die Abende verbrachten wir dann nicht auf unseren Booten, sondern genossen ausgiebig die Spezialitäten der italienischen

Küche. Dazu flossen weißer und roter Wein aus der Region Verona und des Veneto in Strömen, besser gesagt aus Krügen, die den zahlungskräftigen Deutschen vom Personal aufgetischt wurden. Und Josef Müller war mittendrin und soff ordentlich mit. Und wie!

Nach dem Essen natürlich noch jede Menge Espressi und dazu Grappa, am besten gleich in Flaschen. Literweise für einen ganzen Tisch bayerischer Männer mitsamt ihren Miezen. Der Grappa wird aus dem Rest in der Weinpresse hergestellt, dem sogenannten Trester, den man über ein spezielles Destillierungsverfahren gewinnt. Je frischer der Trester, desto besser. Und so richtig frisch, das waren wir bayerischen Mannsbilder auch, wenn wir aus diesen Edelschuppen kamen.

Und dann ging's ja erst richtig los, meistens in den Diskotheken am See. Selten kamen wir da vor dem Sonnenaufgang raus. Und was haben wir in der Zwischenzeit getan? Getanzt und ordentlich gebechert. Champagner, Wodka, Cocktails, nichts war zu teuer, keiner wollte Spielverderber sein. Und so skalierte sich die Promillegrenze in meinem Blut Schritt für Schritt nach oben. Irgendwann rebellierte der Körper, wenn der Pegel sank.

Unter der Woche in München trank ich beim Italiener und danach in den angesagtesten Nacht-Läden der Stadt fleißig weiter, besser gesagt, ich soff, was mein Körper vertrug und schon bald nicht mehr vertrug. Den Begriff «Komasaufen» gab es seinerzeit noch nicht. Aber wäre er damals erfunden worden, dann wahrscheinlich im Zusammenhang mit Josef Müller und seinen Saufkumpanen.

Meine echten Freunde versuchten irgendwann viel später, mich davon wieder abzubringen. Aber da bissen sie bei mir auf Granit. Im nüchternen Zustand gab ich ihnen ja sogar recht, aber kaum war es wieder Abend und es ging auf die Pirsch, war immer reichlich Alkohol im Spiel.

Es gab Zeiten, da war meine Arbeit in der Kanzlei nur eine vergleichsweise kurze Unterbrechung meiner nächtlichen Saufgelage bis … naja, bis sie mir den Führerschein abnahmen. Und das mit rund zwei Promille. Wenn schon – denn schon!

An alle Details kann ich mich leider nicht mehr erinnern, aber ich war wohl auf der Rückfahrt von der Geburtstagsfeier eines Mandanten aus Augsburg. Ich kam in eine Routinekontrolle und fiel in meinem Zustand natürlich direkt auf. Durchs heruntergelassene Seitenfenster nahm der Polizeibeamte meine Alkoholfahne wahr. Ich musste in ein Röhrchen pusten, dann transportierten sie mich für die Abnahme einer Blutprobe ins Kreiskrankenhaus nach Fürstenfeldbruck.

Mit einem Streifenwagen brachte man mich nach Hause. Eine Freundin holte später mein Auto ab. 1,87 Promille war das Ergebnis, das man mir später mitteilte. Ich hatte es schriftlich, dass ich Alkoholiker war, aber ich begriff es nicht.

Dieses Erlebnis hätte vielleicht zu einer Chance der Selbsterkenntnis für mich werden können, denn als Rollstuhlfahrer war ich auf mein Auto und somit auch den Führerschein dringend angewiesen. Müller ohne einen fahrbaren Nobeluntersatz – unvorstellbar! Doch wenige Wochen später hatte ich es schwarz auf weiß: sechs Monate Entzug der Fahrerlaubnis und 35.000 Mark Geldbuße. Ich gebe zu, die Geldstrafe kostete mich damals nur ein müdes Lächeln. Aber den Führerschein abgeben?

Dem bodenlosen Leichtsinn die Krone aufgesetzt

Der Schein war also für ein halbes Jahr weg, doch Müller hatte eine Lösung. Die war nicht gut, gar nicht gut. Ich fuhr nämlich einfach weiter und erzählte niemandem etwas von meinen nächtlichen Erlebnissen mit der Polizei und den unschönen Folgen.

Immerhin riss ich mich nun zusammen und beachtete ein paar selbst aufgestellte Regeln. Ich fuhr nie nachts, sondern nur am Tage. Grundsätzlich war ich in der Zeit nur im Berufsverkehr unterwegs, blieb zurückhaltend, höflich und umsichtig gegenüber anderen Verkehrsteilnehmern. Trotzdem wäre ich zweimal beinahe an zwei großen Ausfallstraßen in eine allgemeine Verkehrskontrolle der Münchner Polizei geraten. Aber ich hatte Glück und wurde durchgewunken. Dennoch schockierte mich damals allein der Anblick eines Polizisten, wenn ich hinter dem Steuer saß. Was, wenn sie mich erwischt hätten?

Meinen bodenlosen Leichtsinn vor Augen, begriff ich, dass ich etwas ändern musste. Und so engagierte ich einen Chauffeur, der mich zu meinen Steuerkanzleien in München und meiner Heimatstadt Fürstenfeldbruck kutschierte.

Auch abends stand mir ein, allerdings anderer, Fahrer zur Verfügung, denn dann ging es wie gewohnt auf die Piste in die heißesten Clubs der Stadt. Dort soff ich weiter. Ohne eine ordentliche Abfüllung ging es nicht mehr. Ich war definitiv süchtig geworden und begriff nicht, dass hier der Grundstein für viele meiner Probleme gelegt wurde.

Doch eine Zeit lang ging noch alles gut. Bis zu dem einen Tag im Frühjahr, an dem ich zur Eröffnung der Starkbiersaison in eine bekannte Münchner Bierhochburg, den Löwenbräukeller, eingeladen wurde. Ich ließ mich damals natürlich von meinem Fahrer hinbringen und genoss ausgiebig das frisch gebraute Starkbier in der beginnenden Fastenzeit nach dem Fasching. Eindeutig zu viel davon. Wie immer runtergeschüttet wie Wasser, statt genossen. Mein Fahrer aß eine Brotzeit und trank Spezi.

Dann passierte, was passieren musste: Ich traf eine alte Freundin, und die war als Kellnerin bei der Promifete zur Starkbierzeit in dem Bierpalast angestellt. Und wie zu alten Zeiten tranken wir beide nun Grappa, eine wirklich nicht gesunde Menge von dem Traubengesöff. Wie sie das bei der Arbeit vertrug, habe ich bis heute nicht begriffen.

Während wir da also saßen und zechten, erlebte ich das, was man wohl einen «Filmriss» nennt. Ich wusste nicht mehr, wo ich war, und wollte plötzlich nur noch nach Hause. Dumm, dass ich meinen Chauffeur hierbei total vergaß, und noch dümmer, dass ich den Autoschlüssel in meiner rechten Tasche hatte. So passierte, was nicht hätte passieren dürfen.

Ich fuhr mit dem Lift nach unten, traversierte vermutlich in Schlangenlinien in meinem Rollstuhl in alter Gewohnheit zum Auto, schloss es auf und setzte mich hinein. Einen jungen Mann, der gerade über den fast leeren Parkplatz schlenderte, bat ich noch lallend, mir doch den Rollstuhl in den Kofferraum zu hieven. Er tat es, blickte mich noch kurz verwundert an, und sogleich nahm ich Fahrt auf und brauste mit Volldampf los in Richtung Fürstenfeldbruck. Meinen Fahrer, der im Obergeschoss des Bier-Palastes wartete und mich mittlerweile suchte, ließ ich verdutzt zurück.

Weit kam ich dieses Mal nicht, genau genommen nur etwa anderthalb Kilometer. Dann erschien in meinem Blickfeld vor mir eine ordnungsgemäß gesicherte und mit vielen Warnlichtern ausgestattete Wanderbaustelle. In der Fahrbahnmitte aufgebaut und mit jeder Menge Warnbaken für den Verkehr versehen. Bestens erkennbar für jeden Autofahrer, der bei halbwegs klarem Verstand unterwegs war. Aber nicht für Josef «Grappa» Müller, der mit Karacho ungebremst seinen E-Klasse-Mercedes hineinsteuerte. Ich mähte die Warnbaken um wie Grashalme mit einem Rasenmäher. Nach zehn war allerdings Schluss, und die Räder meines Wagens hingen in der Luft, die Ölwanne war vollkommen weggerissen und der Spuk wurde mit einem ohrenbetäubenden Metallgeräusch beendet. So abrupt, wie er begonnen hatte.

Totenstille. Nach einer gefühlten Ewigkeit kam Leben in die Szenerie der überfahrenen Warnbaken, auf denen mein Fahrzeug in der Baustelle mittlerweile ruhte. Passanten riefen wild durcheinander und kamen vorsichtig näher. In der Ferne hörte man das schrille Geheule sich nähernder Sirenen, und mein Kopf war schlagartig völlig klar: «Was mache ich hier? Was ist das für ein Trubel hier ringsherum? Und wo zum Henker ist mein Fahrer, den ich doch dafür bezahle, dass er mich nachts nach Hause bringt?»

Nach weiteren langen Minuten wurde endlich die Tür meines Wagens durch Rettungskräfte des Bayerischen Roten Kreuzes geöffnet, und man befreite mich aus meinem Fahrzeug, so sanft wie man ein Baby bei der Geburt in die Arme der Mutter legt. Ich will es kurz machen:

Die Polizei war da, und die Beamten nahmen sofort Notiz von

meiner Starkbier-Grappa-Fahne – sogar gegen den Wind. Man transportierte mich zum Institut für Rechtsmedizin im Klinikviertel nahe des Sendlinger Torplatzes, Blut wurde mir entnommen (die spätere Feststellung des Blutwertes lag über zwei Promille), und dann durfte ich endlich mit dem Taxi nach Hause fahren. Komisch, aber seit dem Unfall fühlte ich mich vollkommen nüchtern.

Das dicke Ende sah dann in der Verhandlung vor dem Landgericht München wie folgt aus: Es wurde eine Gesamtstrafe gebildet: zweimaliges Vergehen einer Trunkenheitsfahrt in Tateinheit mit dem Führen eines Fahrzeugs ohne Fahrerlaubnis. Da bin ich heute noch froh, dass sie mir den Lappen dieses Mal nur für zwei Jahre entzogen.

Die Auswirkungen auf meine Psyche waren schlimmer. Immer wieder hatte ich die Horrorvorstellung, diese Warnbaken hätten auch Kinder sein können, die ich in meinem Vollrausch überfahre. Der Gedanke fraß sich regelrecht in mein Gehirn ein. Nachts schlief ich kaum, schreckte immer wieder urplötzlich aus meinem Bett hoch.

Das war alles kein Spaß mehr, und tatsächlich schaffte ich es nun, ohne einen Tropfen Alkohol auszukommen. Brav ließ ich mich ausschließlich von meinem Fahrer durch die Gegend kutschieren.

Als die zweijährige Sperre meiner Fahrerlaubnis endlich abgelaufen war, musste ich noch eine medizinisch-psychologische Untersuchung über mich ergehen lassen. Dann bekam ich den Führerschein wieder ausgehändigt, und das war ein sehr gutes Gefühl. Nein, die Warnbaken waren keine Kinder. Gott sei Dank! Und wieder spürte ich diese schützende Hand, die mit mir war. Nur, wer das gewesen sein könnte, das ahnte ich damals noch nicht.

Die Versuchung aus dem gelben Plastikdöschen

Der Alkohol war nur die eine dunkle Seite der Sucht. Wenn man mich heute fragt, wie ich als Nichtraucher und Drogen-Hasser selbst der Modedroge Kokain verfallen konnte, dann verstehe ich mich selbst nicht. Kann man gegen seine eigenen Überzeugungen schwach werden? Man kann. Beim Alkohol habe ich mich irgendwann mitreißen lassen. So fängt es wohl immer an …

Ich war vielleicht sechzehn Jahre jung, da habe ich mal an einer Hasch-Zigarette gezogen. Es war auf einer Party, wir saßen im Kreis und ein großer, selbstgebauter Joint kreiste. Eigentlich war das nicht mein Ding. Ich nahm einen ordentlichen Zug, und im selben Moment merkte ich, wie mir speiübel wurde. Mein erster war auch gleichzeitig mein letzter Zug an einer Hasch-Zigarette.

Lange, sehr lange hielt ich meinen Vorsatz durch und mied Drogen konsequent.

Bis irgendwann Bruce in mein Leben trat.

Bruce gab sich als reicher Sohn einer amerikanischen Familie aus Florida aus, die eine Werft im Norden der schillernden Metropole Miami besaß. Er wollte die Erbschaft, die er von seinen Eltern vorab ausgezahlt bekommen hatte, in Deutschland mit meiner Hilfe gewinnbringend anlegen. Seine «Eltern» waren allerdings, wie sich später herausstellte, bezahlte Schauspieler, und in Wirklichkeit war Bruce der Kopf einer Waffenschieber- und Drogenhändler-Bande, die mich engagieren wollte, ihr schmutzig verdientes Geld weißzuwaschen und in Europa krisensicher anzulegen. Dazu tischten mir Bruce und seine «Eltern» eine Lügengeschichte auf, die es wert ist, verfilmt zu werden.

Ich brachte das Geld, weil es physisch in bar zur Verfügung gestellt wurde, über mehrere Fuhren in vierzig Koffern aus den Vereinigten Staaten nach München, und es gelang ohne jedes Problem, den Betrag auf eines meiner Konten einzuzahlen.

Insgesamt funktionierte die Geldanlage für Bruce dann doch wieder nicht so, wie er sich das vorgestellt hatte. Denn irgendwann begann ich, sein ganzes Geld, die vielen schönen Millionen Dollar, an der Börse zu verzocken. Übrig blieb nichts. Diese haarsträubende, aber Wort für Wort absolut wahre Geschichte ist in meinem Buch «Ziemlich bester Schurke» ausführlich beschrieben und nachzulesen.

Bruce kam, solange sein Geld noch existierte, des Öfteren nach München, und wir verbrachten großspurige Tage und umso heißere Nächte in der bayerischen Metropole bei Wein, Weib und Gesang.

Wenn man Millionen besitzt, dann kann man es jederzeit nach Herzenslust krachen lassen. Wenn es sein muss, bis der Arzt kommt. Der musste zum Glück nie kommen, aber sonst war alles dabei, was das Herz begehrte. Und Bruce's Herz begehrte nach dem abendlichen Dinner, vor dem Vergnügen mit schönen Frauen in der Nachtwelt von München, nach einem weißen Pülverchen namens Kokain. Meist in einem bunten Döschen aus den USA mitgebracht.

Ich begleitete ihn oft nach dem Essen in sein Hotelzimmer, wo er besagtes Döschen aufbewahrte. Er bot mir am Anfang fast jedes Mal an, das Zeug selbst zu probieren. Doch ich lehnte stets hartnäckig und mit Nachdruck ab:

«Schau, Bruce, mir geht es auch ohne Koks sehr gut, und ich bin glücklich und fit für die Nacht. Warum soll ich mir so ein Zeug reinziehen?»

Darauf konnte er nichts erwidern, und schließlich waren sein regelmäßiges Angebot und meine regelmäßige Ablehnung fast so etwas wie ein Ritual zwischen uns.

Irgendwann legt der Satan aber immer noch einen drauf, und dann kommt es darauf an, wie klar und fest du deine eigene Meinung vertreten kannst – oder anders herum, wie schwach du tatsächlich bist.

Bei mir kamen eines Abends in meiner Nobelwohnung im

Münchner Prominentenstadtteil Herzogpark gleich mehrere Umstände zusammen. Mir war bewusst geworden, dass ich gerade auf dem besten Weg war, das ganze Geld von Bruce an der Börse zu verlieren, weil der Dollarkurs ins Bodenlose fiel und ich fast das ganze Geld von Bruce auf steigenden Kurs gesetzt hatte. Das war psychisch ein immenser Druck. Nicht wenige Menschen haben in einer solchen Situation auch schon den Freitod gewählt, einfach weil sie diesem Druck nicht standhalten konnten.

Hinzu kam, dass ich aufgrund meines verschwenderischen Lebenswandels immense Geldsorgen angehäuft hatte.

Noch andere Umstände zogen mich wie in einem Strudel psychisch nach unten. Es war einer dieser schweren und sorgenvollen Tage, bei denen ich wie eine Raubkatze im Käfig an der Glasfront meiner Wohnung hin- und hertigerte.

Plötzlich sah ich auf meinem weißen Ledersofa im Wohnzimmer ein gelbes Döschen aus der hinteren Ritze hervorblitzen. Ich konnte es kaum fassen. Offenbar war Bruce bei seinem letzten Besuch bei mir das Zauberdöschen aus der Hosentasche gerutscht. Und da lag es nun.

Ich angelte mir also das gelbe Plastikteil und öffnete es behutsam auf meiner Hose als Unterlage. Das Döschen war bis zum Rand gefüllt mit dem weißen Pulver, das ich so oft abgelehnt hatte. Bisher. Aber an diesem Abend konnte ich ein wenig Aufmunterung gebrauchen. Und so kam es zur Versuchung.

Münchens Müller saß da wie Goethes Faust: «Zwei Seelen wohnen, ach!, in meiner Brust!» Zerrissen fühlte ich mich an diesem Abend. Ich war so lange standhaft geblieben und wollte nichts mit dem Teufelszeug zu tun haben. Aber jetzt war ich einfach nur schwach, von Selbstzweifeln und Angst übermannt. Und ich konnte der großen Versuchung nicht mehr widerstehen.

Ich ging mit der kleinen gelben Dose in die Küche, zog den Plastiklöffel, der an der Seite angebracht war, behutsam heraus und schaufelte eine kleine Portion des Pulvers mit einem Schwung in meine Nase. Ein kräftiger Zug, und meine Nase samt Hirn explodierten. Jedenfalls kam es mir so vor. Ich prustete, schluckte, würgte mich und griff nach einem Küchentuch, das ich zuvor unter das Wasser gehalten hatte, um meine Nase abzuwischen. Iiiihhhh! War das Zeug eklig.

Ich konnte mich erinnern, dass Bruce dazu immer Whisky trank und mir schon mal von einer Alkohol-Kokain-Balance erzählt hatte. Also öffnete ich meinen zweiflügeligen General-Electric-Monster-Kühlschrank und angelte mir eine «Absolut Vodka»-Flasche heraus, die noch von der letzten Party übrig geblieben war.

Ein großer Schluck aus der Flasche, und die Welt sah gleich anders aus. Nun setzte auch die Wirkung des Kokains ein. Ein wohliges Hochgefühl machte sich in mir breit, und ich zog nun gleich noch, allerdings etwas behutsamer, eine «Nase» nach der anderen rein, und spülte sie quasi mit Wodka an den dafür vorgesehenen Platz in meinem Gehirn.

Leider kannte ich keine Grenzen, so dass mein erster Trip ins Land des Kokains mit einem Desaster endete. Ich krabbelte aus dem Rollstuhl auf den Boden. Dort frönte ich meiner Vision einer Verwüstung. Aus welchen Gründen auch immer begann ich, meine teuer importierten Palmen aus ihren Töpfen herauszureißen und meine Wohnung in ein Schlachtfeld zu verwandeln. Mein erster Rausch im weißen Schnee endete auf einem schwarzen Acker, weil ich die Blumenerde über meine teuren Teppiche verstreut hatte.

Wie ich ins Bett kam, weiß ich heute nicht mehr.

Trotz dieses katastrophalen ersten Erlebnisses blieb die wohltuende Wirkung von Kokain und Alkohol in meinem Kopf. Und das ist das eigentlich Gefährliche an dieser Droge. Zwar wurde ich vom Kokain nicht physisch abhängig, aber mein Kopf verlangte immer öfter danach. Offenbar speicherte er nur die positive Wirkung, ignorierte aber alles andere. Und so nahm ich das weiße Zeugs weiter, allerdings nicht immer und überall, sondern meistens am Wochenende nach Einbruch der Dunkelheit und nur, wenn ich vorher eine gewisse Menge Alkohol konsumiert hatte. Nüchtern brachte ich das Pulver nicht in meine Nase.

Bei all dem merkte ich zunächst gar nicht, wie ich auch vor den Augen meines Umfelds mehr und mehr psychisch verfiel.

«Geht es Ihnen gut, Herr Müller?», fragte mich meine besorgte Sekretärin immer häufiger, wenn ihr mein abwesender Blick auffiel. Ich bin sicher, sie ahnte, was mit mir los war.

Keine Sekunde glaubte sie meine müden Erklärungen von der vielen Arbeit und dem Stress und den anstrengenden Klienten-Gesprächen. Aus Josef, dem Steuer-Tiger, drohte ein betäubtes Kätzchen zu werden.

«Was ist denn mit dem schon wieder los?», wehte es einmal aus der Teeküche getuschelt zu mir herüber. Kein Zweifel, ich war ernsthaft gefährdet, nicht nur meine Mitte, sondern auch den Respekt und mein berufliches Standbein zu verlieren. Der weiße Schnee drohte mich zur Witzfigur werden zu lassen, wie einst den Professor Rath im berühmten Spielfilm «Der blaue Engel». Ich drohte zu verfallen.

Inzwischen hatten sich folgende Konsumgewohnheiten bei mir eingebürgert: Alkohol – Kokain – Frauen. Genau in dieser Reihenfolge. Will heißen: Ich konnte mit keiner Frau mehr ins Bett gehen, ohne vorher kräftig Wodka, Champagner, Bier oder Wein gekippt und danach Koks geschnupft zu haben.

Jetzt, wo ich mein altes Leben beschreibe, finde ich es armselig, es macht mich betroffen, und ich fühle mich schuldig für mein ekelhaftes Verhalten in den 90er Jahren, das noch bis zu meiner Verhaftung im Jahre 2005 anhalten sollte. Nur wenn der Leidensdruck dann endlich groß genug ist und man nur tief genug stürzt, gibt es wieder eine echte Chance für einen Neuanfang.

Bis kurz vor meiner Verhaftung im April 2005 waren Wodka und Kokain meine besten Freunde, die mich sogar ständig auf der Flucht vor der Justiz begleiteten. Immer und überall konnte man sich das Zeug besorgen. Alkohol als legale Droge sowieso, und Kokain auch überall. In Miami, Las Vegas, Los Angeles und sicher auch im Rest der Welt. Man lernt es, den Leuten einfach anzusehen, wenn sie mit Kokain unterwegs sind. Ich bekam ein Auge dafür.

Über andere Konsumenten kam ich auch schnell zu den Lieferanten. Ich erinnere mich da an eine besonders hübsche blonde Bedienung in einem Restaurant im Spielerparadies Las Vegas. Ich sprach sie als Gast einfach an, und prompt saß mir dreißig Minuten später ein Koks-Dealer gegenüber, der auch gleich ein Mädchen für die Nacht mitgebracht hatte.

Geld kann einen wirklich ganz schön dekadent machen. Die ganze Welt ist käuflich, das war damals meine Devise. Und so ganz daneben lag ich damit sicher nicht.

Las Vegas mag jedem noch einleuchten, aber dass man auch im Gefängnis jederzeit an Stoff kommen kann, können Sie sich vielleicht nicht vorstellen. Ich habe es selbst erlebt. Sehr oft wird mir heute nach meinen Vorträgen die Frage gestellt, wie ich es denn geschafft habe, vom Alkohol und den Drogen loszukommen. Ob ich Schmerzen hatte oder sonst irgendwie darunter litt, weil es ja doch ein «kalter Entzug» gewesen sei, der da im Gefängnis stattfand. Andererseits, wie ich im Gefängnis der Versuchung widerstanden habe, mir nicht doch über dunkle Kanäle das Zeug zu beschaffen?

Diese Frage ist mehr als berechtigt, denn einen Tag vor meiner Verhaftung, am 16. April 2005 in einem Wiener Designerhotel, konsumierte ich noch aus vollen Zügen Wodka und dazu das weiße Zeug, das ich mir natürlich auch in der österreichischen Landeshauptstadt problemlos besorgen konnte. Doch der Schock nach der Festnahme und mein Erleben, plötzlich in einer engen schmuddeligen Zelle zu sitzen, wirkten nachhaltig.

Ich bemerkte in den ersten Tagen nach der Festnahme nicht einmal, dass mir etwas fehlte. Diese Ausnahmesituation überlagerte alles. Vier Wochen lang bewegte ich mich wie in Trance. Dann erst wurde mir bewusst, dass ich tagsüber in der Zelle fror und hin und wieder eine Art Schüttelfrost über mich hereinbrach.

Nachdem ich später den ersten Kontakt zu Jesus hatte, habe ich ihn auch gebeten, mich vor weiterer Sucht zu bewahren: «Herr Jesus, steh mir bei, gib mir die Kraft, die Finger von Drogen und Alkohol zu lassen», betete ich. Und wieder erfüllte mich ein mächtiges Gefühl, das meinen Willen stärkte und mir Zuversicht gab. Tatsächlich blieb irgendwann das Verlangen, Drogen zu konsumieren, völlig aus. Das ist bis heute so.

Was kann ich jetzt Menschen raten, die drogen- und alkoholabhängig sind und davon loskommen wollen? Ich bin kein Mediziner oder Psychologe, ich kenne nur den Weg, den ich selbst erfolgreich gegangen bin. Sicher haben die schockierenden Erlebnisse der Festnahme und Haft eine läuternde Wirkung gehabt. Aber entscheidend für mich war die persönliche Beziehung und das Gebet zu Jesus Christus.

Heute bin ich dankbar dafür, im Gefängnis aus diesem Hamsterrad herausgeführt worden zu sein. Raus aus diesem «Immer-der-Beste-zu-sein»-Druck, das neueste Auto und die längste Yacht und die schönste Frau besitzen zu müssen. Druck, Druck, Druck. Schneller, schneller, schneller. Mehr, mehr, mehr.

Heute fühle ich mich frei, und ich gewinne immer noch mehr innere Freiheit. Das ist fantastisch und unglaublich wertvoll. Das hatte ich nie gekannt, aber mich immer danach gesehnt. Ob mir heute etwas fehlt? Etwas, das ich unbedingt brauche? Ich denke nach. Nein, eigentlich fehlt mir nichts zu meinem irdischen Glück.

MEINE ERKENNTNIS TO GO!

Sorgen machen schlapp. Aber egal, ob Finanz- oder Beziehungsnöte: Alkohol und Drogen sind keine Alternativen, die uns wieder auf die Beine helfen. Exzesse dieser Art kosten viel Geld, Selbstkontrolle und ziemlich sicher auch den Führerschein. Was wir eigentlich suchen, ist ein Ausweg, ein Druckventil, einen Menschen, der uns annimmt, wie wir sind, und uns zuhört. Vorleistungsfrei und ohne Hintergedanken. Die Seele geht zu Fuß. Such dir gute Menschen, pfeif auf den schnellen Kick. GO!

GO!–5

Sex?

Ich liebe Frauen!

Wenn man Geld hat und sich wie ich früher in Kreisen der Reichen und Schönen bewegt, ist das Thema Frauen unproblematisch. Wer abends den Schampus schmeißt und am Wochenende auf seine Yacht einlädt, braucht sich um weiblichen Nachschub nicht zu kümmern. Dabei hatte es mit mir und den Damen keineswegs so locker begonnen.

Schon in Jugendjahren gab es für mich kaum etwas Wichtigeres als das schöne Geschlecht, das wir ja oft (fälschlicherweise) das schwache nennen. In Wahrheit allerdings ist es die Aura der Frauen, die mich schwach werden ließ. Schon auf dem Schulhof entdeckte ich mein Faible für Mädchen mit Röcken. Am Ende der großen Pause gingen wir mit ein paar Jungs immer erst als Letzte ins Treppenhaus, um beim Aufstieg der Schönen nichts zu verpassen. Was Erotik war, wussten wir damals noch nicht, aber die Andersartigkeit der zarten Geschöpfe, deren erste Rundungen sich zeigten, faszinierte uns Buben grenzenlos.

Als Teenager wurde geknutscht, was das Zeug hielt. Auto und E-Gitarre waren dabei ein klarer Feldvorteil für den Josef. Klar hatte man Ziele, aber das Nahziel einer blonden Begleitung zog immer noch mehr als das Fernziel eines abgeschlossenen Studiums.

Mein erster großer heißer Flirt mit Brigitte – Sie wissen es – endete mit dem Frontalcrash an einem Baum.

Kurzum: Es gab für mich kaum etwas Wichtigeres als das schöne Geschlecht. Meine erste große Liebe hieß Christl, ein blonder Wirbelwind mit so einer Offenheit und Herzlichkeit, wie Sie sich das gar nicht vorstellen können, wenn Sie es nicht selbst erlebt haben. Sie war nicht nur hübsch, sie war eine Granate. Sie war nicht nur unkompliziert, sie war von einer Freundlichkeit und Ehrlichkeit, die mich tief beeindruckte. Vor allem aber war sie eine richtige Frau. Eine, die den unmittelbaren Impuls auslöste, auf die Knie zu gehen und den Schöpfer dieser Welt für ihre Schönheit zu preisen.

Christl flötete, wenn sie sprach. Sie schwebte, wenn sie lief, ja sie schien die Schwerkraft und gleich darauf meinen Verstand außer Kraft zu setzen, wenn sie sich zu mir kniete, mir ihre Hand zart in den Nacken legte und ihre Finger spielerisch über meinen Hals trippeln ließ. Sie war mir wunderbar vertraut geworden. Durch und durch. Ich kannte den Duft ihrer Haare, ich kannte den Geruch ihrer Haut, im Grunde kannte und liebte ich jedes Grübchen und jede Sommersprosse an ihr. Bei ihr fühlte ich mich geborgen, bei ihr konnte ich mich fallen lassen.

Sie war fünf Jahre jünger als ich, und es hätte der Bund fürs Leben werden können. Nur hatte ich Rindvieh damals nicht die Courage, um ihre Hand anzuhalten. Eine Ehe? Josef Müller verheiratet? Unvorstellbar! Und es funktionierte ja auch so wunderbar. Wir reisten um die halbe Welt, erkundeten händchenhaltend New York, bestaunten die gewaltigen Kakteen Mexikos, saßen bei Kerzenschein zum Dinner in Italiens Gourmet-Tempeln und erfreuten die Inhaber der teuersten Schuhgeschäfte auf den Pariser Champs-Élysées mit Rekordumsätzen.

Zehn Jahre lang jetteten wir um den Erdball. Alles schien perfekt, doch ich merkte nichts, als die Stimmung kippte.

Christl wollte nicht nur Jetset-Leben, Partys, Reisen und schicke Restaurants. Sie wollte einen Ring. Von mir. Und da ich Christl innerhalb von zehn Jahren keinen Heiratsantrag machte, kam sie ins Grübeln, ob ich wirklich der Richtige für sie war.

Ich kann das heute gut verstehen: Sie hatte mir ihre Jugendliebe geschenkt, ihre Blütezeit, ein ganzes Jahrzehnt, die prägende Zeit zwischen dem 16. und 26. Lebensjahr. Und so passierte, was passieren musste. Sie verließ mich von einem auf den anderen Tag. Aus heiterem Himmel, wie man so schön sagt.

Ich erinnere mich daran, als wäre es gestern passiert. Fast an jedem Wochenende im Sommer waren wir in meiner angemieteten Villa in Bardolino am Gardasee, wo auch meine Zwölf-Meter-Yacht «Follow me» lag. Und jedes Mal waren viele Freunde dabei, oder die Art Leute, die ich damals für Freunde hielt. Auch sie nahmen die drei Stunden Fahrtzeit nur zu gern auf sich, um mit uns zu «chillen», wie Jugendliche das heute nennen würden.

An einem dieser Wochenenden wollte Christl nicht mitkommen. Die Absage kam überraschend, aber ich dachte nicht groß darüber nach. Leider! Als ich am Sonntagabend von der Sause zurückkam und die Tür aufschloss, hatte ich sofort den Eindruck, dass etwas nicht stimmte. Es war ungewöhnlich still, und ich bemerkte, dass ihr Mantel und einige Jacken an der Garderobe fehlten. Schnell wurde mir klar: Sie ist weg!

Zuerst rief ich ihren Namen in die leere Wohnung, dann schrie ich wütend. Ich wischte mit einer zornigen Handbewegung ein Glas vom Tisch, das berstend in tausend Stücke zersprang. Absturz, Albtraum, Apokalypse. Ich rutschte in meiner Verzweiflung vom Rollstuhl und glitt auf den Teppich. Ich weinte, und ich wollte weinen, bis der Teppich meine Tränen nicht mehr aufsog. Christl – wo bist du? Was habe ich dir getan? Warum tust du mir das an? Ich war am Boden zerstört und verzweifelt. Und ich war allein.

Ich glaube, dass Männer in solchen Situationen mehr leiden als Frauen. Ein Mann merkt nicht, wenn die Lawine auf ihn zurollt. Wenn er es merkt, ist es zu spät. Eine Frau dagegen macht sich Gedanken. Wenn etwas nicht mehr passt, lässt sie sich Zeit mit einer Entscheidung, manchmal monatelang. Doch wenn sie dann handelt, gibt es kein Zurück mehr. Christl war vorbereitet, ich aber war erledigt.

Eine kurze Nachricht hatte sie hinterlassen, zwei Luchsmäntel für je 20.000 Mark allerdings mitgenommen. That's it! Ich kann Ihnen sagen, dass ich wirklich schockiert war, wie ich da allein in der halbleeren Wohnung lag. Alle Verlassensängste meiner Kindheit waren auf einen Schlag wieder da.

Es kam, wie es kommen musste: Auf meiner Suche nach dem

großen Glück ging ich immer wieder aufs Neue Beziehungen ein. Manche waren schon nach wenigen Wochen wieder beendet, einmal schaffte ich es immerhin fünf Jahre lang. Dazwischen Singlephasen. Mehr oder weniger unbekümmert. Ich lebte im Paradox einer kontaktreichen Beziehungsarmut. Im Geschäft, im Bett, am Bankschalter, im Restaurant war ich bekannt und gern gesehen. Aber in mir drin war es einsam und leer. Frauen kamen und gingen, aber die Leere, die Christl hinterlassen hatte, konnte keine füllen.

Eine, die es versuchte, war Steffi, eine Hamburgerin mit langen blonden Haaren. Es folgte eine Jurastudentin aus dem Sauerland und dann die Geschäftsführerin eines großen Immobilien-Vertriebs von der Maximilianstraße. Auswahl gab es reichlich, aber – das muss ich wirklich zugeben – Treue war nicht meine Stärke, oder wie Johannes Heesters einst sang: «Ob blond, ob braun, ich liebe alle Frau'n».

Auf den Mund gefallen war Josef Müller nie, doch er hatte einen Sprachfehler. Denn «Nein» zu einer Frau sagen, das konnte er nicht. Darum gab es eben auch noch die Christiane, die Inez und dann die Susanne und noch viele andere.

Susanne war insofern eine Ausnahme, weil wir eine Beziehung ohne Sex führten. Eine solche Freundschaft ist oftmals viel inniger, als wenn es nur um das Eine geht. Gescheitert sind wir dennoch, und das kam so: Eines Tages unterbreitete ich ihr den Vorschlag für eine todsichere Geldanlage.

«Ich bring dich ganz groß raus», diese Masche, Sie kennen das. Da wollte ich der Kleinen einmal zeigen, was Josef Müller draufhat. Das Problem war nur: Die Dinge entwickelten sich ganz anders als von mir erwartet. Statt nach oben, zeigte die Kurve rapide nach unten. Alles ging den Bach runter, und Susanne war nicht nur ihr sauer verdientes Geld los, sie hatte dank mir nun auch noch einen Berg Schulden.

«Lass dir irgendwas einfallen, Josef, aber schaff mir die Schulden vom Hals», sagte sie in einem Ton, der keinen Widerspruch aufkommen ließ. Ich hätte ihr auch gern geholfen, war aber selbst finanziell vollkommen platt. Meine Konten überzogen, bei vielen Leuten Schulden. Auch teurer Barolo-Wein konnte nicht mehr darüber hinwegtäuschen, dass mir das Wasser bis zum Hals stand.

Die Show war vorbei, und unsere Freundschaft auch. Und zwar unwiderruflich. Mehrmals schrieb ich ihr herzzerreißende Briefe, bat um Verzeihung und um eine Aussprache. Doch es war gelaufen, und ich verstand das sogar. Auch heute denke ich noch manchmal wehmütig an unsere tolle Zeit zurück.

Rückblickend waren das alles tolle Mädel, aber keine ruhmreichen Beziehungen. Und das lag meistens an mir. Warum fällt es Männern wie mir so schwer, treu zu sein? Ist es der angeborene Jagdinstinkt? Ist es die Fülle an Gelegenheiten? Sicher weiß ich es nicht. Vermutlich hat der liebe Gott mir etwas mehr Adrenalin und Testosteron ins Blut gemischt als manch anderem. Aber eine Generalamnestie gibt es auch dafür natürlich nicht.

Manchmal denke ich heute, was wohl aus meinem Leben geworden wäre, wenn ich mit einer von diesen lieben und begehrenswerten jungen Frauen aufs Ganze gegangen wäre: Nur du, nur wir, auf ewig. Hätten wir Kinder gehabt, einen Hund und ein Haus mit gepflegten Blumengärten und einer Sitzbank unter dem Eichenbaum? Wären wir jedes Jahr einmal mit den Kindern in Urlaub gefahren und hätten uns am Heiligen Abend alle mit den Schwiegereltern vor dem Tannenbaum getroffen, um ihn laut zu besingen? Ich weiß es nicht.

Irgendwie ist so ein bürgerliches Leben ja schön und erfüllend. Aber ich mittendrin? Josef Müller? Nein! Niemals! Zumindest damals war das ein unvorstellbarer Gedanke für mich. Ich liebte das wilde Leben, das rastlose Umherziehen, das Schwelgen in Saus und Braus. Hätte ich damals zu einer der Schönen vor dem Altar «Ja» gesagt – das Scheitern und mein Ausbruch aus dieser Ehe wären vom ersten Tag an vorprogrammiert gewesen. Ich will da nicht drumrumreden. Wen und was ich wollte, holte ich mir.

Im Kern – es fällt mir schwer, das zuzugeben – war ich der leistungsstarke Selbstversorger. Die Angst vor dem Verlassenwerden wirkte wie ein Schutzschild. Alle lebenserhaltenden Systeme waren im Innern; alles, was von außen kam, prallte letztlich ab.

Und schließlich gab es noch einen weiteren Aspekt neben meiner zügellosen Gier auf Partys und Vergnügungen aller Art, und das war mein Beruf. Zeit meines Lebens war ich ehrgeizig. Ich wollte nach oben, wollte Erfolg haben und Geld scheffeln. So etwas verträgt sich nicht mit einem erfüllenden Privatleben oder gar einer Ehe.

Man denkt ja gar nicht groß darüber nach, was man einem anderen Menschen antut, von dem man geliebt wird. Je mehr Geld ich besaß, umso leichter war es, Frauen kennen zu lernen und rumzukriegen. Warum also sollte ich mir besondere Mühe geben oder gar mein Herz öffnen?

Jedenfalls gab es aus meiner damaligen Sicht überhaupt keinen Grund, über eine Heirat auch nur nachzudenken. Hübsche Frauen waren stets verfügbar.

Und dann änderte sich plötzlich alles, als ich Sandra traf. Das war zwei Wochen vor Ostern 2000. Sie saß zusammen mit ihrer Freundin Maggie beim Italiener am Rosenkavalierplatz in München. Maggie kannte ich aus dem Münchner Nachtleben. Ein oder zwei Mal waren wir gemeinsam in der Nobeldisco «P 1». Doch als ich die beiden Frauen da entdeckte, hatte ich sofort nur noch Augen für Sandra. So ungezwungen und fröhlich, es war wie eine Offenbarung (und ich muss zugeben, dass sie mich auch ein wenig an Christl erinnerte). Wenn es wirklich so etwas wie Liebe auf den ersten Blick geben sollte, dann musste es dieser Moment sein.

Schnell kamen wir ins Gespräch und vereinbarten, dass wir es nach meinem Osterurlaub fortsetzen wollten. Ich verbrachte diese Tage allein am Gardasee, und die Zeit wollte nicht vergehen. Meine Gedanken kreisten fast immer nur um Sandra, und ich verspürte das, was als «Schmetterlinge im Bauch» besungen wird. Und auch ein leiser Zweifel kam auf. Sie war 28 Jahre jung, ich 45 Jahre alt. 17 Jahre Unterschied.

Doch ich wischte den Gedanken schnell weg. Denn bei fast all meinen Beziehungen waren die Frauen wesentlich jünger als ich gewesen. Was sollte also schiefgehen?

Als ich nach den Ferien in mein geliebtes München zurückkehrte, hatte ich nichts Eiligeres zu tun, als ein neues Treffen mit Sandra zu verabreden. Sie lebte damals noch mit einem anderen Mann zusammen und arbeitete im Arbeitsamt. Bei uns funkte es offenbar gleichzeitig, und es gab kaum einen Tag, an dem wir uns nicht trafen. Wir waren so verliebt ineinander, dass uns die Welt um uns herum vollkommen gleichgültig wurde.

Nur sechs Wochen später, Anfang Juni, verlobten wir uns – und zwar Josef-Müller-mäßig während des Formel-1-Rennens in Monte Carlo auf der Terrasse des «Hôtel de Paris». Wir wohnten im «Hotel Majestic» in der südfranzösischen Promi-Hochburg Cannes, wo ich traditionell jedes Jahr zum Formel-1-Rennen und den Filmfestspielen ein paar Tage unter der warmen Mittelmeer-Sonne weilte.

Die standesamtliche Eheschließung folgte am 1. September in

München. Eine langjährige Freundin – auch eine Susanne – sang mit ihrer zauberhaften Stimme vor der Standesbeamtin und den geladenen Gästen «Somewhere over the rainbow».

Das ist einer meiner Lieblingssongs aus den späten 30er Jahren des vergangenen Jahrhunderts, den schon Judy Garland und Glenn Miller großartig interpretiert hatten. Ich kenne kein anderes Lied, das diese unbestimmte Sehnsucht, die in mir schlummerte, besser zum Ausdruck brachte. Und so erfüllte mich dieser Moment mit einer tiefen und ehrlichen Ergriffenheit.

Zwischen dem Kennenlernen und der Zeremonie auf dem nostalgischen Standesamt in der Mandlstraße am Englischen Garten waren nur etwas mehr als drei Monate vergangen, kaum zu fassen. Heute bin ich klüger, denn die Zeit des Kennenlernens war eindeutig zu kurz. Wenn mich heute jemand fragen würde, wäre mein Rat: Bloß nicht Hals über Kopf in eine Liebesheirat stürzen!

Doch erst einmal setzten wir die Festwochen fort. Am 23. Juni 2001 packten wir sogar noch einen drauf und heirateten kirchlich. Es herrschte traumhaftes Sommerwetter über St. Bartholomä am Königssee, als wir erneut «Ja» zueinander sagten.

Mein Trauzeuge war mein bis heute guter Freund, der Schauspieler Charles Brauer. Ich lernte ihn vor dreißig Jahren als Mandanten in meiner Steuerkanzlei kennen und schätzen. Seit dieser Zeit verbindet uns eine herzliche Freundschaft. Auch in den dunkelsten Stunden meines an solchen Stunden durchaus reichlichen Lebens hielt er immer zu mir. Und das, ich darf das hier sagen, obwohl auch er durch schlechte Empfehlungen von mir viel Geld verloren hat.

Doch zurück zum Brautpaar. Sandra war evangelisch und ich katholisch getauft. Getraut wurden wir von einem katholischen Pfarrer aus München-Bogenhausen. Wir mussten den Geistlichen selbst mitbringen, da die Kapelle am Königssee zwar anzumieten war, dort aber kein Pfarrer zur Verfügung stand.

Ja, wir heirateten kirchlich und erneuerten unser Eheversprechen vor dem Altar, also vor Gott höchstpersönlich. Aber wir waren uns der Bedeutung überhaupt nicht bewusst. Für uns ging es nur um einen feierlichen Akt, eine schöne Tradition. Das macht man halt so.

Aber nach katholischem Verständnis ist eine solche Eheschließung ein Sakrament, in dem Gott als Dritter mit im Bunde ist. Und wie es so schön heißt: «Was Gott zusammenfügt, das darf der Mensch nicht trennen.»

Standesamtlich ist so eine Scheidung heutzutage ja kein Problem. Es ist nicht mehr als ein Verwaltungsakt, wenn man es ein wenig zynisch sagen will. Nach einem Trennungsjahr reichen zwei Unterschriften, und das war's dann. Nur vor der katholischen Kirche ist der Bruch eines Bundes, bzw. des Sakramentes der Ehe, nicht möglich. Höchstens eine rückwirkende Annullierung. Dazu gibt es ein kompliziertes Verfahren mit dem Ziel der sogenannten «Ehenichtigkeitserklärung» nach dem katholischen Kirchenrecht. Diese kirchliche Eheannullierung stellt allerdings hohe Ansprüche an bestimmte Widrigkeiten, die bei Eheschließung vorhanden gewesen sein müssen. Arglistige Täuschung, Furcht, Zwang oder Scheinehe gehören dazu.

Sandra und ich dachten an all das keinen Augenblick. Wir waren verliebt wie zwei Teenager und wir sagten «Ja» zueinander, mit Gott als unserem Zeugen.

Einige Jahre später lag unsere Ehe in Trümmern. Viel später, Trennung und Scheidung lagen lange hinter uns, habe ich mich immer wieder gefragt, was anders in meinem Leben gewesen wäre, hätte ich Sandra niemals kennen gelernt. Eine befriedigende Antwort darauf habe ich bis heute nicht gefunden.

Jedenfalls hatte ich sie an den Luxus gewöhnt, obwohl sie eigentlich ein ganz normales, bodenständiges Mädchen war. Ich trug sie auf Händen. Nichts war mir zu wertvoll oder zu umständlich, als dass ich es nicht auf mich nahm, um sie zu verwöhnen und zu beeindrucken.

«Lass dein Auto am Straßenrand stehen, wir kaufen bei Mercedes ein schickes Cabrio für dich», sagte ich einmal mit Blick auf ihren bescheidenen Fiat.

Geld spielte zunächst keine Rolle. Und so bummelte ich mit ihr zu den teuersten Boutiquen wie Dior oder Gucci auf Münchens Maximilianstraße. Bei Tiffany besorgte ich Schmuck, und über die vielen Reisen, Luxus-Hotels und Fress-Tempel habe ich ja schon berichtet. Nichts war zu teuer, Hauptsache, es machte Eindruck und ordentlich Spaß.

Zweifellos hatte ich trotz der glänzenden – manche nennen es: schillernden – Fassade das Bedürfnis, mir stets selbst zu versichern, was für ein toller Hecht ich doch war. Oftmals habe ich den Luxus, in dem ich mich sonnte, gar nicht selbst genießen können, sondern ich wollte, dass Sandra glücklich war, wenn ein Kellner irgendwo unter Palmen die nächste Lage Champagner am Strand servierte. Da reichte mir selbst auch mal ein Orangensaft.

Ich war im Honeymoon und absolut überzeugt, mit ihr meine Traumfrau gefunden zu haben. Da genügte das übliche Standardprogramm meinen eigenen Ansprüchen nicht mehr. Ihr wollte ich ganz besonders imponieren.

Und dazu musste Geld her, viel Geld, immer mehr Geld. Meine damaligen Einkünfte waren beachtlich, und es fehlte mir und uns an nichts, und doch bewegte mich die Frage unablässig, wie ich weiteren Reichtum anhäufen konnte. So stieg ich in das hochriskante Börsen-Trading ein. Auf meinen Girokonten wurden gewaltige Beträge hin und her bewegt.

Genau genommen wurde in diesen Tagen der Grundstein für alles gelegt, was danach passierte. Bis hin zu meiner abenteuerlichen Flucht, der freiwilligen Rückkehr nach Europa, der Verhaftung in Wien und dann den Jahren im Gefängnis.

Heute, gut fünfzehn Jahre später, ist mir klar: Zu den wichtigsten Bausteinen einer glücklichen Ehe gehört neben dem unbedingten Vertrauen zwischen beiden Partnern auch die unbedingte Treue. Das hätte ich wissen können, ja müssen. Das lockere Junggesellen-Dasein hätte spätestens vor dem Traualtar in St. Bartholomä unwiderruflich enden sollen.

Aber es endete nicht. Wir waren kaum zwei Jahre verheiratet, da gab es einen erdrutschartigen Bruch in unserer harmonischen Zweisamkeit. Sandra war eines Abends sehr angeheitert und wusste wohl nicht, was sie sagte. Wir hatten einen Streit, wie er selbst in besten Familien vorkommt, doch sie beleidigte mich mit Worten, die ich nicht einmal nach so vielen Jahren hier aufschreiben mag. Ich fühlte mich grob beleidigt und war tief gekränkt.

Die Fetzen flogen, Türen wurden geknallt, und ich entschwand aus den eigenen vier Wänden und landete zu später Stunde im Bett einer früheren Freundin. Die wusste nicht einmal, dass ich inzwischen verheiratet war. Und klar, sie verstand mich natürlich viel besser, was sie mir zunächst mit tröstenden Worten, später dann auch ganz praktisch zeigte. Ein alltäglicher Streit, ein paar unbedachte Worte unter Alkoholeinfluss, eine Nase Koks, und meine ganze Glückseligkeit stand zur Disposition.

Es ist wirklich wahr, ich bereue diesen Fehltritt bis heute zutiefst. Aber ich kann es nicht ungeschehen machen. Und so kam es, wie es kommen musste: Auf Umwegen kam Sandra zu Ohren, was ich getan hatte, nachdem ich an jenem Abend voller

Wut aus der gemeinsamen Wohnung gestürmt war. Sie konfrontierte mich mit ihren Erkenntnissen, und ich stritt alles ab. Nennen Sie es feige, nennen Sie es Unsicherheit. Jedenfalls ließ ich die Gelegenheit verstreichen, reinen Tisch zu machen.

Sandra glaubte mir kein Wort mehr. Und es war klar, dass ein solcher Vertrauensbruch Konsequenzen haben würde. Auch meine Frau ließ nun jegliche gebotene Zurückhaltung sausen und sah sich ein bisschen in der Männerwelt um. Das blieb mir nicht verborgen, und so war unsere Ehe genau genommen bereits zu Ende, ohne dass es uns klar wurde, während wir uns gegenseitig die Schuld dafür zuschoben.

Was macht man in einer solchen Situation? Viele Paare hätten wohl versucht, wieder Boden unter die Füße zu bekommen. Vielleicht wären sie zu einer Eheberatungsstelle gegangen oder hätten sich eine gemeinsame Auszeit genommen. Mit viel Ruhe, langen Wanderungen und absoluter Offenheit. Manchmal funktioniert so etwas, und ein Paar bekommt eine zweite Chance.

Doch wir waren anders drauf. Wir ignorierten die realen Probleme unserer Beziehung, tanzten weiter auf jeder wichtigen Party, schlürften französische Brause auf Empfängen und reisten in der Weltgeschichte herum. Und wir hofften, irgendwie würde schon wieder von selbst alles gut. Doch nichts wurde gut. Ein höchst unerfreulicher Abend reichte letztlich aus, um alles zu zerstören, was wir uns im Überschwang der frischen Verliebtheit von einem gemeinsamen Leben erhofft hatten.

Sandra reichte die Scheidung ein, als ich im Gefängnis saß. Unsere Ehe wurde schließlich im Januar 2007 geschieden.

In dieser Zeit kamen mir schon so Gedanken, ob diese Scheidung auch kirchlich irgendwie in Ordnung zu bringen sei. «Was Gott zusammenfügt, darf der Mensch nicht trennen», ja, das wusste ich. Aber in meiner langen Karriere hatte ich auch gelernt, dass es für fast jedes Problem irgendeine Lösung, einen Ausweg gibt. Und so ging ich im Knast zum Pastoralreferenten, der mir sehr sympathisch war.

«Gibt es da nicht irgendeine Hintertür, wie ich vor Gott aus dieser Nummer rauskomme?», wollte ich von ihm wissen. Und dann erzählte ich ihm die ganze Geschichte. Aus seiner Sicht, so sagte er mir, sei eine rückwirkende Aufhebung der Ehe kirchlicherseits kein Problem.

Doch meine Zweifel bestanden weiter. Aus der Bibel wusste ich, dass Gott die Scheidung verabscheut. Und da ich damals mittlerweile schon eine lebendige Beziehung zu Jesus hatte, beschloss ich, ihn selbst zu fragen, was in meinem Fall richtig oder falsch ist. Mir war klar, dass die Antwort nur ein Ja oder Nein sein konnte, kein dubioses Zwischending. Und so begann ich zu beten:

«Herr, ich bin vollkommen verunsichert, was ich tun soll. Annullierung der Ehe oder nicht? Ich bitte dich jetzt um ein so eindeutiges Zeichen, dass ich ganz klar sehe, was deine Meinung dazu ist, und diese will ich befolgen: Wenn du gegen eine

Annullierung oder Auflösung der Ehe mit Sandra bist, so bitte ich dich um ein Zeichen.»

Was glauben Sie, was nun passierte? Zuerst mal nichts. Am Abend schaute ich irgendwann auf meine Armbanduhr. Es musste so kurz vor acht Uhr sein. Aber was zeigte die Uhr an? Sie war auf fünfzehn Uhr stehengeblieben – just zu dem Zeitpunkt, als ich Gott um ein unmissverständliches Zeichen bat. Und hier war es. Im selben Augenblick war mir klar, was Gott von mir wollte. Und dass eine Annullierung der vor dem Altar geschlossenen Ehe nicht in Frage kam.

An diesem Abend lag ich noch lange wach, bewegt von dem Erlebten. Meine Armbanduhr stand immer noch, es gab keine logische Erklärung. Am Vormittag des nächsten Tages begann sie plötzlich wieder zu laufen. Ich stellte die aktuelle Uhrzeit ein, und bis zu meiner Entlassung blieb sie nie wieder stehen. Erst als ich wieder in Freiheit war, kaufte ich mir eine neue Uhr. Aber meine «Wunder-Uhr» bewahre ich bis heute auf.

Können Rollstuhlfahrer eigentlich Sex haben?

Dieses Kapitel wäre nicht vollständig, würde ich nicht auch etwas über den Sex schreiben, genauer: über das Sexualleben eines Rollstuhlfahrers. Ich kann das ohne jede Scham ansprechen, denn körperliche Liebe ist nun wirklich etwas ganz Natürliches.

Dazu folgende kleine Geschichte: Kurz bevor im Frühjahr 2013 mein erstes Buch «Ziemlich bester Schurke» erschien, erstellte ich einen Werbeflyer, der das Interesse an mir und meinem Buch wecken sollte. Auf den vier Seiten wurden ein paar meiner Themen angerissen, und es gab reichlich Fotos, die mich im Kreise attraktiver Frauen zeigten.

Eines Tages wurde ich von einem Neunzigjährigen (!) zu sich nach Hause eingeladen. Wir kannten uns nicht persönlich, aber seine Ehefrau ging in dieselbe Christengemeinde wie ich. Er war in seinem Leben einmal ein hohes Tier bei der Bundeswehr gewesen, hatte selbst ein Buch geschrieben und, wie sich später herausstellte, war er ein höchst interessanter und welterfahrener Mann.

Seine Frau teilte mir ganz aufgeregt mit, dass er mich unbedingt kennen lernen wolle, auch weil er eine ganz wichtige Frage an mich hätte. Ich dachte natürlich sofort, dass er, so wie ich es vollzogen hatte, eine lebendige Jesus-Beziehung suchte und mich dazu befragen wollte.

So war ich also eines Nachmittags zu Kaffee und einem wunderbaren, selbst gebackenen Apfelkuchen in ihr gemütliches Wohnzimmer eingeladen. In einer Art missionarischem Eifer fuhr ich zu ihm und freute mich, dass jemand in so hohem Alter noch etwas von Gott erfahren wollte.

Von wegen! Ich saß noch nicht ganz an der reichlich gedeckten Kaffeetafel, da kam mein charmanter Gastgeber direkt zur Sache: «Können Sie mir mal erzählen, was Sie mit erotischen Abenteuern, von denen in Ihrem Flyer die Rede ist, genau meinen? Denn ich dachte bisher, dass bei Menschen im Rollstuhl unterhalb der Gürtellinie alles tot sei?»

Peng, das saß! Und ganz automatisch schoss mir der freche Gedanke durch den Kopf: «So, wie bei den Neunzigjährigen …» Und doch erstaunte mich die Neugier des Mannes nicht einmal. Ungewöhnlich war höchstens, dass einen Mann in seinem Alter diese Frage derart beschäftigte. Manch einer wäre an meiner Stelle vielleicht peinlich berührt gewesen, aber ich mag es sehr, wenn Menschen direkt sind.

Und, ganz ehrlich: Ist Ihnen diese Frage noch nicht in den Sinn gekommen, wenn Sie hier von all meinen Freundinnen und «erotischen Abenteuern» lesen? So originell ist die Frage also auch nicht, denn jede meiner weiblichen Eroberungen wurde von ihren Freundinnen sofort danach gefragt, wenn sie erstmals von der Liaison mit mir erzählte.

Sex ist etwas Schönes und Wichtiges im Leben von uns Menschen, und so halte ich die Neugier und die Frage, wie und ob denn Sex mit einem Rollstuhlfahrer überhaupt funktioniert, für absolut legitim. Und genau deshalb will ich ihr hier auch nicht ausweichen, denn obwohl ich querschnittsgelähmt bin, bin ich kein asexuelles Wesen, sondern ein ganz normaler Mann mit seinen Bedürfnissen, Träumen und Gelüsten. Warum sollte sich das durch meinem Unfall im Jahr 1973 geändert haben?

Erleidet man, so wie ich durch den Autounfall, eine Rückenmarksverletzung, so kann sich die Art und Weise der körperlichen Sexualität je nach Verletzung verändern. Es gibt da keine allgemein gültigen Regeln. Bei manchen Männern verändert sich nichts, bei anderen radikal alles. Dazwischen gibt es eine große Bandbreite, die größtenteils von der Höhe der Läsion und Schädigung der Wirbelsäule als auch der Nervenbahnen abhängt.

Die medizinischen Behandlungsmethoden haben sich jedoch seit meinem Unfall vor mehr als vierzig Jahren derart verbessert, dass kein Partner mehr unbefriedigt bleiben muss.

Da das sexuelle Verlangen und das Bedürfnis sich nicht grundlegend ändern, findet der Geist bei einer Beeinträchtigung immer, soweit medizinisch möglich, eine gewisse Art, Schwächen auszugleichen.

Also mal als unverfängliches Beispiel: Wenn der linke Arm durch eine Sportverletzung nicht so einsatz- und gebrauchsfähig ist, übernimmt automatisch der rechte Arm die Funktion des linken mit. Ich habe das an mir selbst beobachten können. Soweit erregende körperliche Gefühle an manchen Stellen ausgefallen oder beeinträchtigt sind, treten diese sogenannten erogenen Zonen an anderer Stelle des Körpers auf.

Deshalb musste ich auch so lachen, als ich den Film «Ziemlich beste Freunde» gesehen habe, die Verfilmung der realen Geschichte eines Querschnittgelähmten und seines ausgesprochen unkonventionellen Pflegers. Auch der stellte nämlich die Frage, wie das denn nun so ist mit dem Sex als Rollstuhlfahrer. Schließlich war der noch umfassender gelähmt als ich, der ich weiter ganz normal Sex haben kann.

Bei ihm war alles taub bis hoch zum Hals. Seine erogene Zone waren also die Ohren. Außer seinem Kopf spürte er ja nichts mehr. Also nahm ihn sein Pfleger zu einem Massagesalon mit und organisierte eine Masseuse, die einfach nur seine Ohren bearbeitete. So ist das eben, wenn der Körper nicht so will wie der Kopf. Der Partner muss dies nur wissen, und ich habe daraus auch nie einen Hehl gemacht. Gefordert ist beim Liebesspiel viel Kreativität miteinander, und das empfanden meine Partnerinnen und ich immer als eine überaus spannende und wirklich vergnügliche Angelegenheit. Die Ergebnisse waren immer ... sehr zufriedenstellend.

Jede Rückenmarksverletzung ist anders, keine gleicht der anderen. Deshalb muss die Sexualfunktion nicht unbedingt wegfallen. Außerdem gibt es heutzutage genügend Hilfsmittel, diese wiederherzustellen oder anderweitig auszugleichen. Es gibt Ärzte, die sich auf das Thema Sexualfunktion bei Querschnittgelähmten, auf die Fertilität, also die Fortpflanzung, und ähnliche Themen spezialisiert haben und Betroffene und ihre Partner beraten.

Ich war selbst früher mit einem Arzt aus der Unfallklinik Murnau befreundet, der diese Beratungen anerkannt mit Erfolg durchführte. Oft sieht man Paare mit Kindern, bei denen der Elternteil auch im Rollstuhl noch ein Kind bekam oder zeugte.

Mehr ins Detail gehen möchte ich hier nicht, wobei ich neulich Folgendes gelesen habe, das den Nagel auf den Kopf trifft: «Wenn man nur auf die Löcher starrt, verpasst man den guten Käse.»

Sollte ein Leser einmal eine intime Beziehung zu einem Rollstuhlfahrer oder anderweitig Behinderten eingehen, so empfehle ich, das Thema offen anzusprechen. Es bewahrt meistens vor Enttäuschung, bringt Aufklärung und fördert das gegenseitige Vertrauen in eine gemeinsame Zukunft sehr.

Ich bin heute weder ein besonderer Frauen-Jäger noch prüde. Ich bin auch kein Womanizer, also Frauenheld. Da hat sich gegenüber meinen wilden Jahren viel verändert. Damals legte ich größten Wert darauf, immer wieder im Kreise hübscher Frauen gesehen zu werden. Das gab meinem wirtschaftlichen Erfolg in der Außenwirkung die Krönung, sozusagen das Tüpfelchen auf dem i. Und es war ein Geben und Nehmen, denn die Frauen mochten ja neben meinem Geld und Lebensstil auch meine lustige und unkomplizierte Art, mit diesem Leben im Rollstuhl umzugehen.

Doch lassen Sie mich an dieser Stelle noch einmal eine Lanze für die Treue brechen. Ausgerechnet ich, Josef Müller, sage Ihnen heute: Bleiben Sie Ihrem Partner treu. Unbedingt! Treue schafft Vertrauen, und Liebe ohne Vertrauen ist keine Liebe. Erst als ich begriff, wie sehr ich mit meinem untreuen Verhalten andere Menschen in ihrer Seele verletzte, wachte ich auf. Fremdgehen verträgt auch die beste Ehe nicht.

MEINE ERKENNTNIS TO GO!

Geschaffen zu seinem Bilde hat uns der Schöpfer. Und ich kann mir nur vorstellen, dass er bei dieser Vollkommenheit tatsächlich vor allem an Frauen dachte. Jedenfalls ist das bei mir so. Eine schöne Frau kann mich heute noch binnen Sekunden in Verzückung versetzen. Und ich gebe zu, dass ich beim Thema Frauen kein abgeklärter Coach bin; wohl aber einer, der mit Achtung und Anstand gegenüber Frauen unterwegs ist. Sex empfinde ich als überbewertet, und ich kann dich nur ermutigen, beherzt in die Beziehung zu deinem Partner zu investieren. Mir ist das häufig zu wenig gelungen. Überrascht euch so oft wie möglich, würzt eure Beziehung mit Humor, schenkt euch Zeit! GO!

GO!-6

Geld?

Schulden haben und trotzdem reich sein!

Der Umstieg von Schampus und Beluga-Kaviar auf Pfefferminztee und belegte Brote ist am Ende nicht so schwer, wie es sich zunächst anhört. Im Gefängnis lernt man mit wenig bis gar nichts auszukommen. Und das ist auch gut so, denn plötzlich erinnert man sich wieder daran, was Bescheidenheit ist. Ich jedenfalls musste diese Lektion lernen.

Nach meiner Zeit im Gefängnis hatte mich einmal der Bayerische Rundfunk zu seinem Mittagsmagazin als Gast eingeladen. Das Thema lautete «Glück», und ich erklärte, dass Glück nicht automatisch materielles Glück bedeutet. Wenn das jemand glaubhaft sagen kann, dann Josef Müller. Denn ich hatte ja nichts mehr. Materiell alles verloren und reichlich Schulden obendrauf. Innerlich aber war die Habenseite auf meinem Sinn- und Gefühls-Konto geradezu explodiert.

Natürlich kann man sich mit Geld das Leben auf vielfältige Weise erleichtern, und in einem S-Klasse-Mercedes sitzt man bequemer als in einem Linienbus. Aber das hat mit wahrem Glück nichts zu tun. Der Apostel Paulus sagt im Neuen Testament sinngemäß: «Ich kann mit viel leben und auch mit wenig.»

Doch «Haste was, biste was!», «Fit for Fun!», das sind Slogans, die unseren Alltag prägen. Alle wollen reich sein, schön sein, fit sein. Konsum als Ersatz für das Glücksgefühl ist der Trend. Ja, zugegeben, wenn ich mir früher eine neue Yacht oder ein neues schickes Auto geleistet habe, verspürte ich bei der ersten Fahrt oft so etwas wie ein kurzes Glücksgefühl. Bei der zweiten Fahrt war es dann immer noch nett, aber irgendwie schon fast normal.

Das Glücksgefühl aber, das ich heute verspüre, wenn ich auf der Terrasse sitze und eine Scheibe frisches Bauernbrot mit frischen Tomatenscheiben drauf esse, ist ungleich intensiver. Oder bei ordentlicher Hitze der Moment, wenn aus einer Flasche das kalte prickelnde Mineralwasser durch meinen Mund in den Magen strömt und man den ganzen «Weg» spürt. Aaaahhhhh... Sie wissen, was ich meine? Oder ein starker, schwarzer Kaffee und der erste Schluck am Morgen. Fantastisch!

Bei den Wichtigen und Reichen spielen diese vermeintlich trivialen Dinge kaum eine Rolle. Wer von denen sitzt morgens still am geöffneten Fenster und genießt das Zwitschern der Vögel oder im Herbst das Rauschen der Blätter draußen? Das Streben nach Gewinn, Neid, Missgunst, Rivalität – all das beschäftigt viele dieser Menschen viel mehr.

Auch ich dachte früher, dass man sich mit viel Geld in ein glückliches Leben einkaufen könnte. Denken Sie an die Luxuswelt, die ich mittels goldener Kreditkarten für meine Frauen zu erschaffen versuchte. «Money makes the world go round» – von wegen! Die Seele, der Geist und der innere Frieden, all das kann mit Geld nicht berührt werden.

«Moment», werden Sie jetzt sagen. «Jetzt, wo der Müller selbst nix mehr hat, wird er zum Kapitalismus-Kritiker. Ha!»

Aber nein, meine Freunde, sicher haben die Verheißungen des Kapitalismus noch keine Seele gerettet. Gleichzeitig habe ich erlebt, dass es Neid, Missgunst und Rivalität leider auch am anderen Ende der Gesellschaft gibt. Ich musste das selbst erfahren, beim Anstehen um Nahrungsmittel bei der «Tafel». Auch da wollen Menschen das Beste und das Meiste und das schönste Stück vom Kuchen abbekommen. So sehr unterscheidet es sich nicht von den Superreichen, nur dass es bei denen nicht um frisches Obst und Kuchen geht, sondern um Geld und Macht.

Wie ich schon erzählt habe, hatte mir Max, den ich im Gefängnis kennen gelernt hatte, nach meiner Entlassung einen dreizehn Jahre alten E-Klasse-Mercedes geschenkt. Den hatte ich stets liebevoll gepflegt, so sah man ihm sein Alter nicht an. Nun ist mein Aktionsradius als Rollstuhlfahrer begrenzt, so dass ich seinerzeit mit meinem Mercedes jeweils am Donnerstag zur «Tafel» im Fürstenfeldbrucker Westen fuhr, die dort von einer Bürgerstiftung betrieben wurde. Es waren Hunderte von Personen, die einen sogenannten Berechtigungsschein hatten, um sich mit Grundnahrungsmitteln zu versorgen.

Als ich das erste Mal hinfuhr, verlief alles recht normal. Ich brachte meinen Berechtigungs-Schein mit, den ich vom Job Center (früher: Arbeitsamt) als Hartz-IV-Empfänger erhielt, rollte in der langen Schlange entlang der angebotenen Lebensmittel und durfte mir ein wenig Brot, Gemüse, Molkereiprodukte und so weiter in eine Kiste packen.

Weil ich diese Kiste aber nicht allein bis zu meinem Auto transportieren konnte, bat ich einen der ehrenamtlichen Helfer, ob er mir wohl assistieren könnte. Das tat er und stellte die Kiste auf den Beifahrersitz. Sie hätten seinen verächtlichen Blick sehen sollen! Ein Mercedes-Benz-E-Klasse-Fahrer, der um Lebensmittel schnorrte. Ich versuchte noch, die Situation zu retten, stotterte, dass es sich bei dem Wagen um ein Geschenk handelte, doch die Stimmung wurde frostig.

Vermutlich hatte der Mann seinen Kollegen gleich nach meiner Abfahrt von seiner Entdeckung berichtet, von diesem «Bonzen-Schlitten» und dem Typen, der sich tatsächlich erdreistete, mit dem Mercedes vorzufahren, um kostenloses Brot und Butter abzuholen.

Seit diesem ersten Mal war jede Fahrt zur «Tafel» eine wahre Qual für mich. Beweisen kann ich es nicht, aber ich hatte den Eindruck, dass man mir fortan nur noch abgelaufene Produkte zuteilte, da man mich ja für einen Sozialschmarotzer erster Güte hielt. Irgendwann war ich die unfreundliche Atmosphäre leid, und weil ich mir inzwischen wieder Einkäufe bei Discountern wie Lidl und Aldi leisten konnte, kam ich klar.

Der Futterneid und die giftigen Blicke bei der Essenausgabe der Tafel waren eine ganz neue Erfahrung für mich, die ich sicher nicht vergessen werde. Aus heutiger Sicht tat sie mir sogar gut, denn Neid und Vorurteile sind überall anzutreffen. Und viele Vorurteile verlor ich durch diese praktischen Erfahrungen. Ein großes Auto deutet sicher nicht automatisch auf ein großes Herz, aber eben auch nicht auf ein großes Vermögen hin.

«Binnenpost» – das liebe Geld und der Alltag

Rechnungen bekommt jeder, oft bleiben sie Tage oder auch Wochen liegen, und die Schulden werden größer und größer. Ich nannte solche Briefe mit Rechnungen immer «Binnenpost», weil es sich in der Regel um Schreiben mit der Formulierung «Zahlen Sie binnen ...» handelte. Und so ernst das Thema ist, den Ausdruck fand ich witzig.

Wenn Sie als Privatperson Schulden haben, ist eine vernünftige, seriöse Planung des Monatsbudgets kaum möglich. Große Konzerne oder gar Staaten wie Griechenland haben es da insofern leichter, als sich viele Politiker bemühen, zu helfen und bei Bedarf frisches Geld bereitstellen zu lassen.

Wenn Sie aber mit einem Notizzettel in Ihrer kleinen Wohnung sitzen und aufschreiben, wie viel von dem wenigen Geld Sie für was ausgeben wollen, und dann kommt von irgendwoher noch eine Rechnung, die nicht eingeplant war, sieht es übel aus. Das kann auch einfach eine Stromrechnung sein, die wegen der Klimarettungspolitik plötzlich deutlich höher ausfällt, als man es bisher gewohnt war. Und dann reicht es eben nicht mehr.

Bei mir ging es freilich noch mal um andere Dimensionen. Ich hatte so hohe Schulden und so viele Gläubiger, dass ich abends oft keinen Schlaf fand. Wie sehr diese Last auf mein Unterbewusstsein drückte, zeigten mir meine Träume.

Hunderte Male träumte ich den gleichen Traum von einer massigen Lawine, die auf mich zurollte und vor der ich nicht wegrennen konnte, weil der Boden wie bei einem Laufband rückwärts lief. Es war ausweglos. Die Lawine stürzte direkt auf mich zu, ich hatte keine Chance, ihr zu entrinnen.

In dem Moment, als sie mich erfasste und zu Boden warf, wachte ich jedes Mal schweißgebadet auf. Ich hatte so viel Adrenalin im Blut, dass ich danach stundenlang nicht mehr einschlafen konnte. So realistisch war der Traum. Nicht selten war ich noch morgens beim Aufgang der Sonne wie gerädert.

Wenn Sie also keine Schulden haben – Glückwunsch! Bemühen Sie sich, dass das so bleibt! Wenn ich in der Zeitung lese, dass Millionen Deutsche überschuldet sind und wie viele anständige Familienunternehmer in die Pleite rutschen, manchmal ohne eigenes Verschulden, weil Auftraggeber nicht zahlen und die Banken übervorsichtig geworden sind, dann verstehe ich, was für eine Qual das für die betroffenen Menschen sein muss.

Ich weiß, wovon ich spreche, denn ich habe das nicht nur

einmal im Leben mitgemacht. Bis heute habe ich mehr als zehn Millionen Euro Schulden bei meinen Gläubigern. Die meisten, die bei mir Geld verloren haben, vermissen es wahrscheinlich gar nicht. Es waren Superreiche, die ihren Reichtum mit meinen Renditeverheißungen weiter nach oben schrauben wollten. Doch es gab auch einige anständige und fleißige Bürger, die mir ihre Ersparnisse anvertrauten. Dass ich das Vertrauen dieser Menschen missbraucht habe, tut mir bis heute ehrlich leid.

Auch das Geld dieser Menschen gehörte zu den Millionen auf meinen Konten, mit denen ich in den 90er Jahren wild spekulierte. Am Anfang machte ich fette Geschäfte, später platzte immer öfter der eine oder andere Deal, was mich mächtig unter Druck brachte. Es dauerte nur einige Wochen, und ich stand mit mehr Schulden als Eigenmitteln da.

Und dann ging es los. Wo treibe ich auf die Schnelle frisches Geld auf? Vor allem, wenn es um einen Millionenbetrag geht. Da konnte selbst ein Josef Müller nicht mal einfach so bei der Sparkasse vorfahren, ein paar flotte Sprüche abspulen und das Geld dann gleich mitnehmen. Denn grundsätzlich gilt: Wenn du die Bank wirklich brauchst, gibt sie dir nichts. Und schnell schon mal gar nicht.

Gleichwohl gibt es auch hier paradoxe Szenarien, die wirksam werden können: Wenn du 100.000 Euro Schulden hast, gehörst du der Bank. Wenn du aber 100 Millionen Euro Schulden hast, gehört die Bank dir.

Als Otto Normalverbraucher gelten andere Regeln. Es ist der mühsame Weg durch die Instanzen. Da gibt es erst einmal viele Formulare auszufüllen, der Kreditausschuss tagt erst am Freitag wieder, und der zuständige Sachbearbeiter ist – leider, leider – gerade im Urlaub. Ob es brennt, interessiert in diesen wohlklimatisierten Büros der Banken oft niemanden. Eine alte Volksweisheit besagt: Eine Bank bietet dir einen Regenschirm an, wenn die Sonne scheint. Und wenn es zu regnen anfängt, kassiert sie ihn wieder ein. Oh ja, genau so ist es.

Der Müller jammert mal wieder auf höchstem Niveau, werden Sie vielleicht denken. Aber ich sage Ihnen aus langjähriger Erfahrung: Der Bank ist ein Angestellter oder Beamter lieber, der 80.000 Euro im Jahr verdient und davon nur 70.000 Euro ausgibt, als ein Zahnarzt der, sagen wir mal als Beispiel, 200.000 Euro verdient und 250.000 ausgibt, es sei denn er leiht sich die Differenz von derselben Bank und hat Vermögenswerte wie Immobilien, Wertpapiere oder Omas Goldschmuck als Sicherheit anzubieten. Selbst wenn sich die Praxis des Zahnarztes von Jahr zu Jahr besser entwickelt.

Risikobereitschaft und innovative Ideen gelten bei deutschen Bankhäusern nichts. Deshalb haben wir hier auch keinen Bill Gates, der damit begann, in einer Garage Computer zusammenzuschrauben, um dann die ganze Welt zu revolutionieren. In Deutschland würde so einem das Gewerbe untersagt, weil er in der Garage keine getrennten Toiletten hat.

Ich habe als Steuerberater damals einen Zahnarzt gekannt, der sich wegen 35.000 Euro Schulden beim Finanzamt das Leben genommen hat. Er fuhr mit seinem Auto in ein abgelegenes Waldstück und leitete mit einem Gummischlauch die Abgase ins Fahrzeuginnere. Eine ganz tragische Geschichte. Und hinterher hat es niemand kommen sehen, und wahrscheinlich gibt es dann auch Menschen, die sagen: «Warum hat er denn nicht mit uns gesprochen? Da hätten wir doch eine Lösung finden können.» So was kann man hinterher immer gut sagen, aber tot ist tot.

Als ich meine Zulassung als Steuerberater zurückgegeben habe (bevor sie mir sowieso genommen worden wäre, denn vorbestraft in Vermögensdelikten und gleichzeitig Steuerberater – das geht gar nicht), fiel ich mental in ein ganz tiefes, schwarzes Loch. Ich war völlig von der Rolle, und meine Schulden wuchsen stündlich an. Es gab eine Situation, da hatte ich nicht einmal mehr das Geld, um mein Auto zu betanken. Und der Wagen war kurz darauf auch weg. Aus, vorbei, over! Müller ab- und untergetaucht! Eigentlich sollten es nur ein paar Tage sein, doch es wurden Wochen daraus, die ich mich komplett zurückzog.

Wie komme ich aus dem Desaster wieder heraus? Diese Frage beherrschte mein Denken komplett. Vielleicht ist es besser zu verstehen, wenn man die Situation mit dem Winter vergleicht. Da ist es saukalt draußen, Seen und Flüsse sind eingefroren, die Bäume kahl, alles Grau in Grau. Aber es muss ja weitergehen.

Irgendwann kommt das Tauwetter, der Frühling, und dann beginnt doch vieles wieder zu blühen.

Mein Motto war im Grunde simpel: Hinfallen – Aufstehen – Krone richten – Wiederkommen! Ich musste meine Gedanken sortieren, und ich brauchte jemanden, der zuhörte und Verständnis zeigte. Wen ruft man an nach so einem Desaster?

Eines meiner ersten Telefonate galt einer Freundin, einer angehenden Juristin, die von mir davonlief, als es krachte und meine heile Welt zusammenbrach. Weit, sehr weit lief sie davon, so weit, dass sie sogar bis ins Sauerland floh. Das ist zwar nicht das Ende der Welt, aber man kann es von dort aus sehen. Ich war überzeugt, dass sie jetzt ein wichtiger Mensch für mich werden könnte.

So rief ich sie an, und ihr erster Satz, den sie mir mit einer Mischung aus geballter Wut und Hass entgegenschleuderte, war: «Du lebst ja wirklich noch! Ich dachte, du hättest deinem Leben endlich selbst ein Ende gesetzt ...»

Aber eine solche «Lösung» wäre nichts für Josef Müller, denn meine Philosophie lautet: «Wenn man mich in meinem Leben bei der Tür hinausgeworfen hat, dann komme ich zum Fenster wieder herein.»

In diesem Fall war tatsächlich nichts zu machen. Sie ließ mich gnadenlos abblitzen.

Betrachten wir es nüchtern: Wenn jemand ins Straucheln gerät, fallen die meisten anderen über ihn her, allen voran die geschädigten Gläubiger. Und die haben alles Recht dazu. Deine bisherigen sogenannten Freunde teilen sich in mindestens zwei Lager auf. Das kleinere Lager ist das, wo deine wirklichen Freunde sind, also die Menschen, die auch in der Not zu dir halten. Das andere, größere Lager würde ich als das Rette-sich-wer-kann-Lager bezeichnen. Plötzlich will dich keiner mehr kennen, und alle haben es ja immer kommen sehen, dass «das mit dem Josef mal so endet».

In dieser Zeit habe ich eins gelernt: Erst in einer schweren Krise merkt man, wer die wahren Freunde sind.

Die gnadenlose Logik der Jagd auf Gestrauchelte

Auf einen Menschen, der scheitert und fällt, prasselt eine Mischung aus Hagelschlag und Gewitter herein. Windstärke 12. Orkan. Da hilft kein Schirm mehr und kein Unterstellen. Und wenn dann noch die Presse Wind von der schlimmen Lage bekommt, ist alles zu spät. Denn dann beginnen plötzlich auch fremde Menschen, die du noch nie im Leben gesehen hast, auf dich draufzuschlagen.

Es ist wie eine Hetzjagd. Nichts erfreut das aufgeregte Publikum mehr als ein Prominenter, der abserviert wird.

Denken Sie an den früheren Bundespräsidenten Christian

Wulff und die gnadenlose Jagd der Journaille und dann auch von einem überdrehten Staatsanwalt, der im Jagdeifer über zwanzig Ermittler eingesetzt und Millionen von Steuergeldern verbrannt hat, um Wulff die Vorteilsnahme im Amt von letztlich rund 700 Euro nachzuweisen.

Auch das scheiterte bekanntlich. Ein Treppenwitz mit majestätischem Aufbau. Aber alle, Justiz, Journalisten und das geneigte Publikum, wollten Wulff scheitern sehen. Unbedingt.

Wenn ein Reicher oder Mächtiger strauchelt, gibt es meistens nichts, das er tun oder lassen könnte, um die Meute zu beruhigen. Deshalb mein Rat an Betroffene: Lasst alles über euch ergehen, zieht euch zurück und wartet, bis die Jagdgesellschaft weiterzieht. Hofft nicht darauf, dass irgendjemanden eure Sicht der Geschehnisse interessiert. Wer fällt, der hat kein Verständnis und keine Gnade zu erwarten.

Je nach Bedeutung und Bekanntheitsgrad kann der Sturm nach ein paar Tagen oder erst nach Monaten vorbei sein. Und diese Zeit der selbst auferlegten Ruhe sollte man nutzen, um die eigene Lage zu analysieren. Vor allem: Haken Sie den Gedanken ab, in so einer Situation noch irgendwas retten zu können. Schauen Sie nach vorne!

In den Jahren 2013 und 2014 war ich mit meinem Auto als Ermutigungs-Redner über 100.000 Kilometer auf Achse. Ich habe in den knapp zwei Jahren seit Veröffentlichung meines ersten

Buches 220 öffentliche Veranstaltungen bestritten. Gott sei Dank hat mich mein mittlerweile zwanzig Jahre altes Auto dabei nie im Stich gelassen. Das war gut, ist bei mir aber auch überlebensnotwendig.

Als Christ habe ich gelernt, dass ich Gott alle meine Bedürfnisse und Nöte mitteilen darf. Und so tat ich das auch im vergangenen Oktober. Auch an diesem Wochenende war ich «on the road», um in Zürich zu sprechen. Während der Fahrt tauchten immer wieder seltsame Geräusche aus dem Motorraum auf, die ich nicht zuordnen konnte. Gesund klang es jedenfalls nicht.

Mit einem Stoßgebet nach oben legte ich mein Anliegen nach einem fahrbaren Untersatz an das Herz des Größeren: «Jesus, ich vertraue dir, dass du dafür sorgst, dass ich auch weiterhin auf meinen Reisen sicher und behütet unterwegs sein kann. Bitte gib mir das Auto, das ich brauche, wenn das auch in deinem Sinne ist!»

An jenem Herbsttag 2014, an dem ich bei Leo Bigger im ICF (International Christian Fellowship) in Zürich in vier «Celebrations» (Gottesdiensten) sprach, kam ich sehr müde in mein Hotel zurück. Ich rollte noch schnell unter die Dusche und wollte mich eigentlich sofort ins Bett legen, so ereignisreich war der Sonntag in der größten Stadt der Schweiz gewesen. Ich war kaputt und dachte nur noch ans Schlafen.

Aber der Mensch ist ein Gewohnheitstier. Wie so oft schaute

ich aus Neugier noch schnell in meine E-Mails. Beim Überfliegen der Betreffzeilen blieb ich bei «Eine spezielle Gottesgabe» hängen. Ich öffnete die Mail und war schlagartig hellwach.

Lieber Josef,

nach einem meiner obligatorischen Gebete spürte ich kürzlich den Hinweis, doch nicht nur an hilfsbedürftige Menschen in fernen Ländern zu denken, sondern auch an jene vor unserer Haustür.

Wie Du weißt, habe ich großen Respekt vor Deiner vollzogenen Wandlung und Deiner neuen Lebenseinstellung.

Ganz besonders bewundere ich Deinen unermüdlichen Einsatz, den Menschen erlebtes und gelebtes Christentum näherzubringen.

Egal ob man Dich nun als christlichen Missionar, Prediger oder Botschafter bezeichnen mag, auf alle Fälle teilst Du der Menschheit freudig mit, dass niemand im Leben tiefer fallen kann als
in Gottes Hand. Das machst Du einfach großartig!

Damit Du auch künftig problemlos Deiner neuen Berufung folgen kannst, stelle ich der Firma, die Deine Veranstaltungen durchführt, ein neues Auto zur Verfügung, welches entsprechend
Deiner speziellen Bedürfnisse umgebaut wird.

Egal welche Marke oder welchen Typ Du favorisierst, Du lässt mir einfach die Rechnung schicken, die von mir dann unverzüglich beglichen wird.

Jesus Christus hat mich heute am frühen Morgen wieder daran erinnert, dass Du ein neues Auto fahren sollst, deshalb schreibe ich Dir diese Mail.

Herzlichst … Jürgen

Ich las die Mail wieder und wieder, bevor ich mir ein Glas Wasser einschenkte, um einen klaren Kopf zu bekommen. «Ein neues Auto … ein neues Auto …», murmelte ich immer wieder glückstrunken vor mich hin. Ich wusste sofort, was zu tun war. Flink schrieb ich eine Mail zurück an Jürgen, den Absender, den ich nur zweimal im Leben getroffen hatte und der es selbst nicht immer leicht gehabt hatte.

Er war Deutscher und hatte sich hochgearbeitet, bis hin zu einer tollen Villa auf Mallorca und einer Wohnung im Superlativ am Zürichsee. Und nun wollte er mir ein Auto nach meinen Bedürfnissen zur Verfügung stellen. Einfach so, ohne Spendenquittung.

Für meinen Dienst schien ein Kombi das Praktischste zu sein, denn ich brauchte keinen Luxusschlitten oder Miezen-Schlepper mehr, wie ich sie von früher her kannte. Ein Kombi also, der erste in meinem Leben. Meine früheren Freunde aus der Schickeria würden wahrscheinlich sagen: «Der Josef fährt jetzt einen Lastwagen.» Ist mir egal, ich bin der stolzeste Kombi-Fahrer, den ich kenne. Und ich habe Platz – für meinen Rollstuhl, für viele Bücher und meine bunten Sakkos.

Jürgen antwortete sofort. Es schrieb, nicht ihm gebühre der Dank, sondern *ihm* da oben.

Wow! Das saß mal wieder …

Kann es wirklich sein, dass Gott mich, Josef Müller, Ex-Schurke und Paradesünder von Welt, unterstützen will?

Zufrieden und glücklich schlief ich ein und schaute am nächsten Morgen gleich nach dem Aufstehen noch mal in meinen Mail-Ordner. Nicht, dass ich alles nur geträumt hatte! … Nein, da stand es genauso, wie ich es hier niederschreibe. Die Mail von Gott, äh … von Jürgen, an mich.

Ich informierte mich in den nächsten Tagen im Internet und fand schnell einen günstigen Jahreswagen, der gut mit Extras ausgestattet war. Alles Kram, den ich nicht brauchte. Ich rief Jürgen an, um ihm die Summe des ausgewählten Jahreswagens zu nennen. Es war nicht wenig. Er freute sich mit mir, dass ich so schnell fündig geworden war. Als ich ihm erzählte, was mir an dem Wagen fehlte, schlug er gleich einen Neuwagen vor.

Ein Neuwagen! Hallo! Der kostete das Doppelte, und weitere Extras würde Jürgen sicher nicht bezahlen wollen, bei aller Liebe.

Ich fuhr dennoch zur nächsten Niederlassung unter dem Stern, traf dort auf einen engagierten Neuwagen-Verkäufer und diktierte ihm die gewünschte Sonderausstattung meines neuen Einsatzfahrzeugs. Der Mann sah seinen Glückstag gekommen. Dann nannte er den Preis. Astronomisch!

Ich rief also Jürgen in Zürich ein paar Tage später nochmals an, sicher, dass seine Großzügigkeit auch Grenzen hatte. Doch kaum zu glauben: Er war einverstanden. Der fast sechsstellige Betrag schreckte ihn nicht. Er stimmte zu. Und so kam es. Eine Woche vor Weihnachten konnte ich den behindertengerecht umgebauten Wagen in Empfang nehmen. Ich fühlte mich im Glück wie damals als Siebenjähriger, als ich meine erste Modelleisenbahn erhielt.

Gib, was du kannst, und schweige darüber

Darf jemand mit meiner Vorgeschichte überhaupt großzügige Geschenke annehmen? Muss ich nicht vor Scham im Boden versinken, wenn ich in meinen «Dienst»-Mercedes klettere, den ich kostenlos nutzen darf? Ich denke nicht, denn zeit meines Lebens war ich stets selbst freigiebig anderen Menschen gegenüber.

«Sind Sie aber großzügig», sagte mal ein Geschäftspartner zu mir, mit dem ich im Restaurant beim Essen saß. Gerade hatte ich dem Kellner auf unsere 88-Euro-Rechnung einen Hunderter gegeben und «Stimmt so!» gesagt. Mein Gast erklärte mir, er hätte an meiner Stelle nur auf neunzig Euro aufgerundet. Abgesehen davon, dass es ja nicht sein Geld war, vergaß er auch noch, sich für meine Einladung zu bedanken. Aber mir machte es einfach Spaß, anderen Menschen eine Freude zu machen, ihren überraschten und zufriedenen Gesichtsausdruck zu sehen.

Ich habe festgestellt, dass es bei Menschen zwei Wesensarten gibt, wenn es um das Thema Großzügigkeit geht. Die einen sind solche, wie man es den Schwaben nachsagt, die angeblich jedes Gespräch an der Haustür mit «Mir gebbet nix» beginnen. Und die anderen sind Menschen, die aus vollem Herzen gern geben. Und das betrifft keineswegs nur Trinkgelder.

Das ist wie eine Lebenseinstellung, und es hat auch nichts damit zu tun, wie viele Reichtümer jemand besitzt. Ich kenne Menschen, die für ihren Sportverein jedes Jahr ein paar tausend Euro stiften. Sie haben viel Geld, und es kommt ihnen nicht darauf an.

Aber am meisten bewundere ich die, die selbst nur wenig haben und dennoch geben, so wie manche älteren Leute, die von ihrer knappen Rente sonntags einen Fünf-Euro-Schein in den Klingelbeutel werfen, während neben ihnen bestens gekleidete Herren sich nicht genieren, zwanzig Cent hineinzutun.

Ich weiß, ich weiß, einige werden jetzt sagen: Die finanzieren mit ihren Kirchensteuern doch sowieso schon das ganze Gehalt des Pfarrers. Mag sein, trotzdem liebe ich die Mütterchen, die sich ihre freiwillige Gabe für die Kirche im wahrsten Sinne des Wortes vom Munde absparen.

Auch Jesus war oft sehr großzügig, und ganz gewiss nicht in Dingen, die ihm selbst einen Vorteil brachten. Er mahnte die Menschen seiner Zeit – und damit uns –, nicht mit dem anzugeben, was wir tun. «Tue Gutes und rede darüber» – das war nicht sein Weg. Sondern eher: «Gib, was du kannst, und schweige darüber.»

Mein Vater gehörte zu der anderen Spezies. Er hatte sich sein kleines Vermögen zusammengeknausert. Bitte halten Sie mich nicht für respektlos, aber es ist die Wahrheit: Er war schon ein arger Geizhals. Jeden Pfennig umdrehen und möglichst nicht ausgeben – das war sein Konzept.

Als ich für einige Zeit im Gefängnis einsaß, besuchte mich mein Vater ab und zu. Da er mit 89 Jahren kein Auto mehr fuhr – schon der bloße Gedanke an die Kosten für Kfz-Steuer, Versicherung und Benzin trieben ihm den Schweiß auf die Stirn –, bat er einen Nachbarn, ihn doch zu mir zu fahren. Von seinem Haus bis zur Justizvollzugsanstalt München-Stadelheim waren es rund sechzig Kilometer. Der Nachbar sagte zu. Es wurde vereinbart, dass er sein Auto und seine Zeit zur Verfügung stellt und mein Vater das Benzin bezahlt. Bei insgesamt 120 Kilometern Strecke wahrlich keine große Summe.

Als die beiden ankamen, erlaubte man dem Nachbarn, auch zwei Minuten mit mir zu plaudern. Wir wechselten ein paar nette Floskeln, und er wünschte mir alles Gute. Dann kam mein Vater für eine ganze Stunde dran, während «sein Fahrer» draußen im Auto wartete. Als der Nachbar auf der Rückfahrt um das Benzingeld bat, erwiderte mein Vater, er werde nur die Hälfte der Kosten erstatten, da der andere ja ebenfalls mit mir gesprochen habe …

So schafft man sich keine Freunde fürs Leben. Eine zweite Tour zu mir in dieser Besetzung gab es natürlich nicht mehr.

Ich gebe zu, diese Art gefiel mir nicht, doch ich profitierte von ihr. Dass ich heute in einem unbelasteten Einfamilienhaus leben kann, verdanke ich in erster Linie Vaters Knauserigkeit. Nachdem er gestorben war, entdeckte ich in seinem Kleiderschrank übrigens mindestens dreißig nie getragene Hosen. Er hatte immer nur drei andere wechselweise getragen und die im Schrank wohl für später aufgehoben. Nur dass ihn der Tod schon mit 97 Jahren überrascht hatte …

Schneller Reichtum macht nicht wirklich glücklich

Die Knechtschaft des Geldes – Josef Müller hat sie für sich gebrochen. Aber vielleicht sind Sie von all den Geschichten und meinem Appell zur Bescheidenheit nicht überzeugt. Der Reiz ist stark. Und möglicherweise wollen Sie doch im Casino des großen Geldes einmal mitspielen. Dazu erzähle ich Ihnen eine kleine Geschichte.

Über einen Freund kam ich in Kontakt zu einem amerikanischen Nahrungsergänzungsmittelkonzern, der weltweit tätig ist. Den Gründer kannte ich persönlich. Er war nach dem Tod seiner Mutter infolge eines übermäßigen Konsums von Diätpillen selbst in dieses Geschäft eingestiegen. So begann er 1980, von seinem Auto aus Diätprodukte zu verkaufen. Als die Umsätze stiegen, organisierte er einen internationalen Vertrieb. Schon nach wenigen Jahren war der Mann steinreich. Vom Countrysänger Kenny Rogers kaufte er ein Millionenanwesen in Malibu/Kalifornien.

Seine Vertriebsleute verdienten nur dann großes Geld, wenn sie direkt in erster oder zweiter Linie in seinem System eingegliedert waren. Darunter gab es eine Unmenge von Nutzern und Vertriebsleuten, aber diesen wurde nur großer Verdienst in Aussicht gestellt. Letztlich wurden sie nicht glücklich.

Der Zwang, immer mehr Geld zu verdienen, kann ein Fluch werden. Ein Bekannter von mir, der auf diesen Zug aufgesprungen war, starb in Malibu an einer Überdosis Alkohol und Tabletten. Er war vier Mal verheiratet.

Ich rate Ihnen: Lassen Sie die Finger davon, dem schnellen Reichtum nachzujagen, und konzentrieren Sie sich auf eine gute Idee! Jedes Geschäft beginnt mit einer guten Idee. Walt Disney hatte eine Idee. Damit meine ich nicht, dass er Comic-

Hefte und Zeichtrickfilme produzierte oder Freizeitparks betrieb. Seine Idee war: «To make people happy», also Menschen glücklich machen. Das war die Idee, alles andere kam später.

Microsoft-Gründer Bill Gates hatte eine Idee von der Zukunft. Die Gebrüder Albrecht hatten eine Idee für ihren kleinen Laden, aus dem irgendwann der Großkonzern Aldi erwuchs. Alles, was von Menschen in der Welt verwirklicht wurde, begann mit einer Idee. Gute Ideen sind mit dem eigenen Herzen verbunden.

MEINE ERKENNTNIS TO GO!

Es ist extrem unangenehm, Schulden zu haben. Und zwar für alle Beteiligten. Als Schuldenberater bin ich hier vielleicht nicht hundertprozentig geeignet, gleichzeitig weiß ich jedoch sehr genau, was in einem Menschen abgeht, der anderen etwas schuldet. Stärker noch als die Last der finanziellen Schuld wirkt die Last des von Scham besetzten Schweigens. Das tötet ab und versteinert: Wir sind schockgefroren bei lebendigem Leibe. Durchbrich die Mauer des Schweigens. Such dir Hilfe. Du bist mehr wert als dein Kontostand. Schaue mindestens so häufig zu Gott auf, wie du auf deinen Kontoauszug runterschaust. GO!

GO!-7

Schweinehund?

Du musst dein Leben ändern!

Egal, wo und wie du lebst, Korrekturen des eigenen Lebens sind immer mal nötig. Man darf das große Ziel nicht aus den Augen verlieren.

Stellen Sie sich das wie bei einem Kreuzfahrtschiff vor. Der Kapitän weiß, wohin er fahren will, und der Autopilot steuert den Dampfer. Doch dann frischt plötzlich der Wind auf, ein Sturm zieht herauf, und Wellen türmen sich auf dem geplanten Weg so hoch wie ein Haus. Was wird der Kapitän tun? Weiterfahren? Auf Kollisionskurs gehen? Und das Orchester spielt dazu wie auf der «Titanic»? Natürlich nicht. Der Kapitän wird mit seinem Navigationsoffizier einen anderen Weg suchen, um seine Passagiere sicher ans Ziel zu bringen.

So ähnlich ist das mit unserem Leben. Ich habe früher nicht groß hinterfragt, was ich mache. Josef Müller hat's krachen lassen. Mein Lebensweg war vorbestimmt: Schule, Studium, Ausbildung, Prüfungen, dann der Start ins Berufsleben und das ständige Streben nach den Sternen. Ich war hungrig nach Erfolg und geradezu gierig nach dem großen Geld. Für mich galt nur: maximaler Ertrag oder Niederlage.

Wenn ich eine Idee, aber von der Materie keine Ahnung hatte, habe ich mich richtig darin verbissen, alles kalkuliert, Gutachten eingeholt und all die Dinge getan, die ein sorgfältiger Kaufmann halt in vergleichbarer Situation macht. Aber es war ein Leben aus dem Augenblick heraus, der ganz normale Weg, den Typen wie ich halt immer gehen wollen. Kurskorrekturen standen nicht auf dem Plan.

Aus heutiger Sicht war das ein Fehler, ich hätte den Kurs korrigieren müssen. Nicht nur einmal, sondern immer wieder. Es gibt Erfolge, aber es gibt auch entsetzliche Fehlschläge in meinem Leben.

Wenn eine meiner Firmen Verluste machte – weg damit! Nachhaltigkeit? Interessierte mich nicht. Vor allem aber hatte ich bei meiner Arbeit nur selten einen emotionalen Bezug zu dem, was ich tat. Ich war eher so ein Typ wie Gordon Gekko im Film «Wall Street», großartig dargestellt von Michael Douglas, der einem ahnungslosen Nachwuchs-Broker, der ihn zum Essen einladen möchte, mit dem Satz «Mittagessen? Das ist nur was für Flaschen!» brüsk abweist. Genau! Warum muss man zum Mittagessen gehen, wenn man etwas zu besprechen hat? Vergeudete Zeit. Irgendwo warteten dicke Geldbündel darauf, von mir eingesammelt zu werden.

Klar, meine Steuerkanzleien waren erfolgreich, aber das konnte doch nicht alles sein. Gier – das war mein Antrieb, und heute muss ich manchmal schmunzeln, wenn ich mich abends auf der Bühne sagen höre: «Gier frisst Hirn.» Doch genauso ist es.

Ich habe ein paar Jahre hinter Gittern verbracht, und nachdem ich selbst begriffen hatte, was in meinem Leben falsch gelaufen war, versuchte ich sogar an dem unwirtlichen Ort namens

Stadelheim, Mithäftlinge, darunter auch Mörder und Vergewaltiger, davon zu überzeugen, ihr Leben zu ändern, wenn sie mal rauskommen.

«Wenn du mit knapp fünfzig Jahren als erfolgreicher Geschäftsmann und Steuerberater im Gefängnis aufwachst, dann bist du irgendwo im Leben an einer Kreuzung mal ganz schräg abgebogen und in die falsche Richtung gelaufen», sagte ich dann den schweren Jungs, die im Gemeinschaftsraum um mich herumsaßen. Ob es bei dem einen oder anderen etwas bewirkt hat, weiß ich natürlich nicht. Denn von diesem ganzen Psycho-Kram verstehe ich bis heute nichts.

Aber für mich, den Stadelheimer Häftling 250/2007 – 25 war meine Glückszahl beim Roulette, und an einem 25. ist auch mein Geburtstag –, zeichnete sich im Gefängnis ein ganz neuer Weg ab. «So geht das Leben mit dir nicht weiter, Josef Müller!», schwor ich mir selbst damals feierlich in meiner Zelle.

Ganz neu wird Ihnen dieser Gedanke vielleicht nicht vorkommen. Jeder denkt mal daran, etwas grundsätzlich zu ändern. Auch ich hatte den Gedanken, lange bevor mein Leben zu einer Slalomfahrt ins Tal hinab wurde.

Aber wer ändert dann wirklich etwas Grundlegendes? Wer packt seine Koffer, wenn er im Radio Udo Jürgens' «Ich war noch niemals in New York» hört, und fliegt einfach los? Wer verlässt am Abend sein Büro und beschließt, nie mehr an diesen Schreibtisch zurückzukehren? Selbst wenn man es in dem Moment wirklich ernst meint, am nächsten Tag ist man pünktlich wieder dort, wo man immer war.

Und so wischte auch ich solche Gedanken immer schnell vom Tisch und begab mich wieder ins Hamsterrad des Lebens. «Es wird schon wieder besser werden», machte ich mir dann selbst etwas vor: «Ich bekomme alles in den Griff.»

Ich kann gar nicht sagen, weshalb ich zu feige war, aber so war es einfach. Doch im Knast sieht jeder die Dinge anders, in den endlosen Stunden des Nichtstuns kann man sich auch vor unangenehmen Wahrheiten nicht verstecken. Da ist man am Ende, Schluss mit lustig. Endstation, Herr Müller, bitte aussteigen!

Allein schon der raue Ton, der auf den Gängen herrschte, passte nicht zu meinem eigentlich heiteren Wesen. Hier war es menschlich kalt, jeder dachte nur an sich, und auch wenn sich die Aufpasser meistens korrekt verhielten, hier war man ein Nichts, Nummer 250/2007 eben. Eine ganz kleine Nummer, die zu vollziehen hatte, was man ihr sagt. Nicht umsonst nennt sich das Verfahren Strafvollzug.

Andere Häftlinge erzählten mir von Menschen, die es nicht ausgehalten hatten, eingesperrt und gedemütigt zu sein. Sie hatten sich in der JVA das Leben genommen. Auch wenn man unter strenger Bewachung steht, gibt es immer einen Weg für die Verzweifelten, die mit ihrem persönlichen Scheitern nicht klarkommen. Ein extremer Schritt in einer extremen Situation.

In manchen Wochen gab es sogar zwei solche Fälle. Wurde ein Suizid entdeckt, schloss man alle anderen Gefangenen sofort in ihre Zellen ein. Die Gänge wurden freigemacht, damit so ein Leichnam schnell und ohne großes Aufsehen «entsorgt» werden konnte.

Die Medien erfuhren meistens nichts davon. Wir waren ja Verbrecher, Ausgestoßene, Weggeschlossene, damit wir keine Gefahr für die gesetzestreuen und anständigen Bürger mehr darstellen konnten. Wer will schon wissen, wie es uns Gestrauchelten da im Bau geht? Wahrscheinlich denken nicht wenige Leute: «Geschieht denen recht. Hätten sie anständig bleiben sollen.»

«In Extremsituationen ändert man das Leben leichter», las ich mal in einer Illustrierten im Wartezimmer meines Zahnarztes. Ich befand mich jetzt in solch einer Extremsituation. Freiheit weg, Ansehen weg, Frau und Freunde weg, und das ganze schöne Geld sowieso weg. Um meine Gesundheit stand es schlecht, und die früheren Champagner-Gelage und Fress-Orgien waren von meiner Zelle in Stadelheim so weit entfernt wie das nächste Sonnensystem Alpha Centauri von der Erde.

Ich nutzte also die Zeit, mein altes Leben ausgiebig zu analysieren, mein Denken, mein System und meine seltsame Werteordnung. Alles stürzte zusammen wie das berühmte Kartenhaus in diesen dunkelsten Stunden meines Lebens. Die große Erfolgsstory des Josef Müller zerbröselte in kleine Kiesel, die sich vor meinen Augen in nichts auflösten, wenn ich mich schlaflos auf meinem Bett in der Zelle hin- und herwälzte.

Heute bekenne ich Ihnen gegenüber ehrlich: Ich hätte hier auch einen endgültigen Schlussstrich ziehen können. Nummer 250/2007 als 25. Suizid des Jahres oder so.

Dann fiel mir der Pallottinerpater Dr. Jörg Müller ein. Mein Vater hatte mir sein kleines Büchlein «Gott heilt auch dich» beim ersten Besuch in der Haftanstalt mitgebracht und es mir mit nachdrücklichem Augenaufschlag in die Hand gedrückt. «Versprich mir, dass du es liest» war alles, was er dazu hervorbrachte, mehr Worte verlor er nicht. Ich nickte, wahrscheinlich wenig begeistert aus der Wäsche schauend. Aber ich las es noch am selben Abend, denn – wie gesagt – Zeit hatte ich in der Haft mehr als genug. Und Langeweile auch.

In dem kleinen, unscheinbaren, keine hundert Seiten dicken Buch war von der «Lebensübergabe an Jesus» die Rede. Er würde dann, wenn man bereut, das eigene Leben, selbst das Leben eines Sünders wie Josef Müller, übernehmen und mit ihm die schweren Entscheidungen treffen und andere Dinge tun, weil er mich liebt. Krass, oder?

Jesus hat in seinem Leben so viele wunderbare Dinge getan, so viele Seelen gerettet, Kranke geheilt, aber interessiert er sich für mich? Kaum vorstellbar. Doch der Gedanke faszinierte mich, forderte mich heraus. Ich wollte es wissen, ob dieser Jesus tatsächlich irgendwo war und seinen Blick auf einen verzweifelten

Josef Müller in seiner Zelle richtete. Schließlich war er doch der Sohn Gottes, oder nicht? Hatte der nicht viel Wichtigeres zu tun, als sich ausgerechnet um mich zu kümmern?

Jeder weiß, dass es auf der Welt viele Menschen gibt, die weitaus größere Probleme und Sorgen haben als ich – auch zu der Zeit, als ich im Gefängnis saß. Da hungern Millionen Afrikaner und Nordkoreaner, da sind Hunderttausende auf der Flucht vor Krieg und Terror, da sterben Kinder, deren Leben man mit einer Impfung im Wert von zwei Euro retten könnte. Zehntausende Kinder, jedes Jahr. Da fristen Menschen ein erbärmliches Dasein in Trümmern zerstörter Bürgerkriegs-Städte.

Da werden Menschen auf viele Jahre eingekerkert, gedemütigt und gefoltert, weil den Mächtigen ihre Überzeugungen nicht gefallen, weil sie in den Augen ihrer Schinder die falschen politischen Ideale und den falschen Glauben haben – meistens ist es übrigens der christliche Glaube, den sie bekämpfen.

Und anderswo wird mit Frauen und Kindern gehandelt, als wären sie Billigware. Sie sind die Sklaven unserer Tage, niemand hilft ihnen, sie werden zu niederen Arbeiten ohne Lohn gezwungen, sie werden vergewaltigt, man nimmt den Frauen ihre Kinder weg, um sie zu verkaufen, und irgendwann wirft man sie auf den Müll, wenn sie keinen Profit mehr bringen.

Unsere Welt ist vielerorts ein grausamer, unmenschlicher Ort. Es gibt Länder, da werden Tiere besser behandelt als Frauen. Und bisweilen dürfen solche Länder sogar eine Fußball-Weltmeisterschaft ausrichten. Manchmal möchte ich weinen, wenn ich über diese Zustände und die Interessenlosigkeit auch hier bei uns im freien Westen nachdenke.

Über all diese Dinge dachte ich zu Beginn nicht nach, wenn ich in meiner Zelle die Wände anstarrte. Doch, auch wenn es seltsam klingt, während des Lesens in dem kleinen Büchlein, das mir mein Vater ins Gefängnis gebracht hatte, packte mich der Gedanke, dass diese Lektüre von Dr. Jörg Müller auch für einen wie mich geschrieben worden war, damit ich es an diesem Tiefpunkt meines Lebens lesen konnte.

Als ich es durchhatte, fing ich noch einmal von vorn an. Und in den nächsten Tagen las ich es immer wieder. Und langsam formte sich eine Überzeugung in meinem Kopf: Das größte Problem meines bisherigen Lebens war, dass ich keine direkte Beziehung zu Gott hatte. Zu Gott, dem Allmächtigen, dem richtigen. Nicht zu dem Rauschebart auf der Wolke, wie er in Kinderbibeln dargestellt wird. Sondern zu diesem höheren Wesen, dem wir alle unsere Existenz verdanken, der jeden von uns kennt und liebt. Ein revolutionärer Gedanke.

Dieser Jörg Müller behauptete allen Ernstes, jeder könne mit Gott reden, so wie beim berühmten Roten Telefon, das es früher im Kalten Krieg zwischen Washington und Moskau gab, damit man direkt kommunizieren konnte, wenn Krieg drohte. Um das Schlimmste zu verhüten. Besser reden als schießen!

Der Unterschied zwischen dem Roten Telefon und meiner Situation wäre, dass ich die Leitung zu Gott jeden Tag nutzen könnte – auch wenn es keine Not gab. Gott direkt zu erzählen, was ich so den Tag über gemacht habe, welche Gedanken mich bewegt hatten. Und der hört dann zu, ja, er antwortet mir sogar. Was für ein gewaltiges Gefühl musste das sein? Ja, müsste, wenn es denn funktionierte.

Und so schrieb ich einen Text auf, das erste Gebet, das ich in meinem Leben selbst formulierte. Alles auf einem Zettel festgehalten, damit ich nicht den Faden verlor, falls er plötzlich wirklich da sein sollte und hören wollte, was Josef Müller ihm zu sagen hatte. Ich setzte mich also eines Abends in meiner Zelle aufrecht hin, faltete die Hände, sah auf das weiße Blatt und begann leise zu sprechen:

«Mein Herr und mein Gott. Bisher hatte ich keinen näheren Kontakt zu dir ...»

Und ich sprach und sprach. Über meinen lauen Glauben, meine Eltern, mein verkorkstes Leben, diesen Scherbenhaufen, zu dem es geworden war. Ich sagte *ihm,* dass ich fast gegen alle Zehn Gebote verstoßen hatte und dass es mir nun von ganzem Herzen leidtäte.

Ich wurde richtig ergriffen, je näher ich dem Ende meines Textes kam. Ich wusste ja nicht, was passiert oder ob überhaupt etwas passiert. Mein Herz schlug bis zum Hals, als ich formulierte: «Ich habe nichts mehr zu verlieren, und ich habe nur noch dich ...»

Als ich fertig war, lauschte ich in die dunkle Stille hinein und wartete, was passiert. Und es passierte ... nichts, gar nichts. Keine donnernde Stimme von oben war zu hören, nicht einmal ein paar Blitze draußen zu sehen. Langsam machte sich Enttäuschung in mir breit, denn ich hatte erwartet, dass wenigstens irgendein klitzekleines Zeichen wahrzunehmen sein würde, nur so als Wink: «Ich habe verstanden. Das passt so. Ich danke dir, du bist ein guter Josef.» Oder so ähnlich. Doch es passierte absolut nichts. Null. Zero. Nada. Nothing. Niente!

Zwei Tage später wachte ich um fünf Uhr morgens auf und hatte ein inniges Glücksgefühl und eine Freude, die ich noch niemals zuvor erlebt hatte. Energie und ein Gefühl von Leichtigkeit durchströmten meinen Körper und Geist. So muss es sich anfühlen, wenn man fliegen oder wenigstens schweben kann.

Zugleich fielen alle meine Gedanken und Sorgen wie eine einstürzende Mauer in sich zusammen. Ja, ich habe damals am unfreiesten Ort, an dem ich jemals war, die innere Freiheit gefunden. Es war, als ob ich ein anderer Mensch geworden wäre.

Als die Zellentüren aufgeschlossen wurden, umarmte ich ein paar der schweren Jungs, die auf dem Gang spazieren gingen oder herumstanden und teilte ihnen mit, dass heute ein wunderbarer Tag im Gefängnis sei. Weiter teilte ich jedem mit, dass Gott ihn liebt – und ich auch. Einige küsste ich auch noch auf die Wange, um meiner Botschaft Nachdruck zu verleihen.

Ich bin sicher, manch einer hielt mich an diesem Morgen für vollkommen plemplem. Andere lachten, umarmten mich auch. Mehrere gingen anschließend tatsächlich zur Krankenstation und baten den Doc: «Kann ich auch welche von den Pillen haben, die der Müller von Ihnen bekommen hat?» Ich denke, es war für alle, die mich damals so euphorisch erlebt haben, ein ungewöhnlicher Start in den Tag.

Ich war einfach gut drauf an diesem Tag und ging beschwingt zum Sonntagsgottesdienst. Ich erzähle in meinem ersten Buch davon, wie ich dort ein ganz ungewöhnliches Lichterlebnis hatte und eine Taube vor dem Kirchenfenster durch ihr ungewöhnliches Verhalten meine Aufmerksamkeit auf sich zog.

Als ich später wieder allein in meiner Zelle saß, spürte ich immer noch, ja sogar noch stärker, dieses unbeschreibliche Gefühl von innerer Leichtigkeit und Glück. Mich durchströmte eine Power, wie ich sie jahrelang nicht mehr erlebt hatte. Ja, ich fühlte mich, als wären alle Sorgen und Lasten von einer Sekunde auf die andere von mir abgefallen.

Noch heute fällt es mir schwer, diese Gefühle mit den richtigen Worten zu beschreiben. Ein fantastisches Erlebnis. Im unfreiesten Ort, den man sich vorstellen kann – in einem Gefängnis! –, finde ich die Freiheit. Ist schon extrem schräg, aber genauso war es.

Das Beste steht uns noch bevor

Das war meine erste Gottesbegegnung. Ab und zu werde ich bei Veranstaltungen gefragt, wenn ich diese Geschichte erzählt habe, wieso ich denn so sicher bin, dass es Gott war, der mich da gepackt hatte und geradezu befreite. Meine Antwort ist immer die gleiche, und sie wird einen Atheisten nicht zufriedenstellen. Sie lautet: Ich wusste es im selben Moment, in dem es passierte. So sicher und ohne auch nur den Schatten eines Zweifels: dass Gott mir zu verstehen gab, dass er mich gehört hat.

Vielleicht kennen Sie den schönen alten Schwarz-Weiß-Film «Das Lied von Bernadette» nach dem gleichnamigen Roman von Franz Werfel, in dem er von den wundersamen Ereignissen um die Visionen des vierzehnjährigen Mädchens Bernadette Soubirous im südfranzösischen Lourdes vor gut 150 Jahren erzählt. Im Vorspann des Filmes steht der Satz: «Denen, die nicht glauben, kann man es nicht erklären. Denen, die glauben, muss man es nicht erklären.» Genauso ist es!

In meinem Leben vor dieser ersten Begegnung mit Gott hatte ich mich kaum mit Religion, Kirche, Gott oder Jesus beschäftigt. Manchmal ging ich sonntags mit in die Messe, auch um meine Eltern nicht zu enttäuschen. Ich war getauft und als Bub auch Messdiener. In Bayern gehört das dazu, man liebt und pflegt die alten Traditionen. Meistens besuchte ich, wenn ich in München war, meine Mutter in Fürstenfeldbruck am

Sonntagnachmittag und ging mit ihr am frühen Abend in das Kloster Fürstenfeld zum Gottesdienst. Sie genoss das immer sehr, obwohl sie schon immer am Sonntagmorgen bereits in der nahen St.-Bernhard-Kirche gewesen war.

Das Kloster mit seinen Ausmaßen und seiner Schönheit beeindruckte mich jedes Mal neu. Was waren das früher für fantastische Baumeister! Vor ungefähr 750 Jahren wurde die Kirche von Herzog Ludwig II. dem Strengen als Sühne für die unrechtmäßige Hinrichtung seiner Gemahlin Maria von Brabant 1263 erbaut.

Für mich war es stets wie das Eintauchen in eine andere Welt. Dieser wuchtige Innenraum, den der Wittelsbacher mit Backsteinen zur Barockkirche erbauen ließ. So ruhig und erhaben alles. Ganz anders als die Finanzwelt, in der ich mein Unwesen trieb.

Ich genoss die Besuche an diesem Ort ebenso wie meine Mutter, aber aus einem anderen Grund. Es waren diese Ruhe und Erhabenheit, die meine Gedanken beflügelten. Wenn ich dort saß, verfiel ich nicht in religiöse Verzückung. Klar, die Liturgie an sich gefiel mir damals und gefällt mir bis heute. Aber mein Kopf öffnete sich in der Ruhe für alle möglichen Gedanken.

Einmal kam mir das Karnevalslied «Wir kommen alle, alle, alle in den Himmel … weil wir so brav sind …» in den Sinn. Weil wir so brav sind? Wer ist denn heute noch brav? Ich war es seinerzeit jedenfalls ganz sicher nicht. Was passiert dann mit

Leuten wie mir nach dem irdischen Tod? Und wie geht es weiter für die Braven? Müssen die dann auf einer Wolke sitzen und Harfe spielen? Und «...luja, sog i» brüllen wie beim «Münchner im Himmel»?

Muss man wirklich brav sein? Und kann man, wenn man nicht brav war, aber dann brav wird, noch etwas retten? Ich kam mir bei solchen Gedanken manchmal richtig albern vor. Wirklich brav war und ist doch niemand. Jeder hat so seine Leiche im Keller, eine kleine oder auch eine ganz große. Ich zum Beispiel gehörte eher zur letzteren Kategorie. «Josef, mit dir wird das nix», flüsterte ich leise vor mich hin, während vorn ein Chor Teile aus Mozarts Krönungsmesse vortrug.

Die majestätischen Ausmaße des Klosters Fürstenfeld stärkten bei mir wenigstens die Überzeugung, dass auch Gott irgendwie groß und erhaben sein müsse. Und mächtig. Was sollte ich in meinem Rollstuhl tun, um *ihn* zu bewegen, mich an meinem letzten Tag auf Erden mit hinaufzunehmen und nicht in den Keller zu stecken, wo es dem Vernehmen nach ziemlich heiß sein soll?

An dieser Stelle brach ich meine Gedanken regelmäßig ab, weil ich nicht zu einem für mich überzeugenden Ergebnis kam. Und aus dem, was der Pfarrer predigte, konnte ich auch wenig Erkenntnis saugen, wie sich im Laufe der Zeit herausstellte. Die ganze gewaltige Geschichte von diesem Jesus erfuhr ich erst sehr viel später, im Gefängnis durch das Studium von Büchern und das Hören christlicher Radiosender wie Radio Horeb oder dem ERF.

Dort erfuhr ich über seine Lehren, warum er zu uns Menschen kam, sich ans Kreuz nageln ließ, starb und nach drei Tagen wieder aus dem Grab heraus auferstand. Und ich begriff nach und nach, dass es bei unserem Glauben nicht um Traditionen geht, die man wachhält, so wie bei einem Erntedankfest, sondern dass viel mehr dahintersteckt.

Jesus war nicht einfach nur ein besonderer Mensch, sondern ein wahrer Gott, der unsere Sünden mit ans Kreuz genommen hat, damit wir alle – und auch ich – leben können. Es ist einfacher zu verstehen, als ich es erwartet hatte. Durch die Erkenntnis, dass ich ein Sünder bin und einen Erlöser brauche, der meine Sünden auf sich nimmt, bin ich wirklich frei geworden. Unendlich frei.

Irgendwann musste ich nicht mehr darüber lesen oder auch nur nachdenken. Wenn man sich darauf einlässt, kommt man plötzlich an einen Punkt, wo alles ganz logisch und natürlich ist.

Versicherungen? Brauche ich nicht mehr

Machen wir uns nichts vor: Wahrscheinlich werde ich auch künftig nicht frei von Sünden leben. Das ärgert mich, aber Jesus ist barmherzig. Ich bitte ihn um Verzeihung, ich gestehe meine Schuld ein, und er schenkt mir neue Kraft und unendliche Liebe. Von all dem ahnte ich damals nichts, wenn ich mit meiner Mutter in der riesigen Barockkirche des Klosters Fürstenfeld saß.

Seit ich mein Leben Jesus anvertraut habe, begann für mich wirklich in allen Bereichen ein neues Leben. Ich hatte plötzlich eine ganz andere Betrachtungsweise zu den Dingen. Ich muss nicht mehr alles hier und jetzt auf dieser Erde erleben, alle Events reinpacken und alle Freuden mitmachen, denn: Es gibt ein Danach. Dies macht mich locker nach dem Motto: «Das Beste steht uns noch bevor!» Ich muss mich nicht mehr um alles kümmern, denn da ist jemand, der mir den richtigen Weg weist.

Sie werden lachen, das hat sogar Auswirkungen auf meine Versicherungen gehabt. Früher war ich gegen nahezu jedes Risiko abgesichert. Heute habe ich noch eine Kfz-Versicherung, eine Privat-Haftpflicht und eine Hausratversicherung. Keine Unfall-, keine Lebens-, keine Rechtsschutzversicherung mehr. Genau genommen bräuchte ich Hausrat und Haftpflicht auch nicht. Ich will damit nicht sagen, dass die schlecht sind, aber in meinem ganz persönlichen Fall sind sie einfach überflüssig.

Ich vertraue darauf, dass Gott mich hier führt. Ich brauche keinen Anwalt mehr, und meine Altersversorgung habe ich anders aufgestellt. Dafür gebe ich regelmäßig meinen Zehnten an die Gemeinde und helfe Notleidenden auch gern einmal im Rahmen meiner heute sehr bescheidenen Möglichkeiten.

In meinem früheren Geschäftsleben, wenn ich es mal so bezeichnen darf, war ich eher der hartherzige Typ. Alles war auf Profit ausgelegt, und vor jeder Entscheidung fragte ich: «Was bringt mir dieses oder jenes?» Heute, in meinem neuen Leben, bin ich weicher geworden. Als ob etwas ausgetauscht worden wäre in meinem Herzen.

Im Alten Testament habe ich gelesen, dass Gott sagt: «Ich reiße euer kaltes Herz heraus und gebe euch ein neues Herz aus Fleisch und Blut!» Genauso fühle ich mich. Ich habe keine Herzoperation hinter mir, trotzdem fühle ich mich wie ausgetauscht. Heute ist es mir wichtig, wie es anderen Menschen geht. Ein gutes Gefühl! Ich kann sogar wieder weinen, wenn ich mit dem Leid anderer Menschen konfrontiert werde. Früher wären mir Tränen in solchen Situationen einfach nur peinlich gewesen.

Wenn Sie wirklich etwas ändern wollen, machen Sie eine Bestandsaufnahme. So wie eine Zwischenbilanz beim Steuerberater. «Das Wichtigste ist, dass Sie ehrlich zu mir sind», habe ich meinen Mandanten als Steuerberater oft gesagt. Zu seinem Steuerberater und vor allem zu sich selbst muss man absolut ehrlich sein. Sonst ändert sich nichts. Und egal, um was es geht: Schämen Sie sich nicht vor sich selbst, sondern bilanzieren Sie nüchtern! Und vollständig!

Ich habe mal in einer Statistik gelesen, dass achtzig Prozent aller Ängste, die Menschen in ihren Köpfen und Herzen mit sich herumtragen, vollkommen unbegründet sind. Die ältere Dame, die ihre Wohnung verbarrikadiert und sich abends nicht mehr auf die Straße traut, zum Beispiel. Eine Achtzigjährige sagte mir mal: «Wahrscheinlich beobachten schon welche mein Haus und warten darauf, dass ich weg bin, um dann alles auszurauben und kaputt zu schlagen.» Seit Jahrzehnten wartete die Dame auf die Einbrecher – die allerdings noch nie da waren und vermutlich nie kommen werden.

Man macht sich selbst das Leben schwer mit Ängsten und mit dem Verweigern einer nüchternen Analyse der eigenen Fähigkeiten und Probleme.

Die Erkenntnis, dass es notwendig ist, das eigene Leben zu verändern, ist nicht verbreitet. Als ich das erste Mal vor einem Strafgericht stand und schließlich wegen diverser Vermögensdelikte verknackt wurde, war mir das auch nicht klar. Ein gut situierter Steuerberater mit vier Kanzleien und fünfzig Mitarbeitern, einer tollen Freundin, einem schicken Haus, Autos, Booten – da denkt man leicht, dass man alles im Griff hat. Doch ich habe erlebt, wie in kürzester Zeit alles zusammenbrach. Mein ganzer Besitz wurde gepfändet, der Steuerberater-Titel war futsch und die Freundin leider auch gleich mit. Ein Super-Gau! Aber die gerechte Strafe für mich.

Ich hörte das Urteil, auf das mich mein Anwalt schonend vorbereitet hatte, ließ alles mit gesenktem Kopf über mich ergehen – und hatte doch nichts begriffen.

Josef, du lebst noch, dachte ich, nachdem ich das Urteil hatte über mich ergehen lassen. Ich wollte ein einschneidendes Ereignis wieder mal verdrängen, so wie ich ja einst auch beschlossen hatte, meine Behinderung gar nicht als solche anzunehmen. Als Erstes brauchte ich jetzt eine Ablenkung. Meine notorisch gute Laune musste aufgepeppt werden. So rief ich einen meiner besten Freunde an und lud ihn am gleichen Abend zum Essen ein.

«Ja, spinnst du?», fragte er mich, denn er wusste, dass ich zwei Stunden zuvor zu vier Jahren und vier Monaten Haft verurteilt worden war. Und der Gedanke, dass wir das sozusagen nun erst mal feiern wollten, kam ihm ein wenig ... sagen wir ... befremdlich vor.

Der Nobel-Italiener in München-Bogenhausen, den ich für Vitello tonnato, Pasta und Rotwein ausgewählt hatte, war neben seiner ausgezeichneten Küche dafür bekannt, dass hier auch zwielichtige Gestalten aus der Halbwelt verkehrten. Nicht nur die sattsam bekannten Schickimicki-Typen, sondern auch die Jungs, von denen der Staatsanwalt gern gewusst hätte, woher sie eigentlich ihr reichlich vorhandenes Geld hatten.

Der Abend war wunderbar, wir hatten Mordsspaß, trieben Köche und Kellner zu Höchstleistungen an.

Und dann, so ab 21 Uhr, erschienen die ersten Boten in ihren roten und blauen Jacken mit den druckfrischen Exemplaren der Münchner Tageszeitungen für den nächsten Morgen im Lokal. Und die Müller-Festspiele begannen. Ausnahmslos alle Zeitschriften berichteten in großer Aufmachung über den Millionenbetrüger Josef Müller und seine Untaten. Ich wurde, um es vorsichtig auszudrücken, geschlachtet.

An jedem Tisch wurden Exemplare gekauft, ich glaube, die Zeitungsjungen machten das Geschäft ihres Lebens. Alle schauten zu mir herüber, an den Tischen wurde geflüstert. Mir wurde ein wenig mulmig, kein schönes Gefühl, ein Paria zu sein, ein Aussätziger, der im von Udo Jürgens besungenen ehrenwerten Haus der feinen Herrschaften keinen Platz mehr hatte.

Aber Pustekuchen! Es kam ganz anders. Der Gastwirt kam nach einigen Minuten mit einer Flasche Veuve-Clicquot-Champagner an unseren Tisch. «Ich habe den nicht bestellt», protestierte ich, aber er meinte nur lakonisch: «Von den Herren da», und nickte in Richtung eines Tisches, an dem drei Mittfünfziger in unübersehbar gelöster Stimmung saßen. Als sie bemerkten, dass ich zu ihnen hinüberschaute, hoben sie ihre Gläser und prosteten mir zu: «Willkommen im Club, Josef!», riefen sie, und an mehreren Tischen lachten die Leute laut auf und griffen ebenfalls zu ihren Gläsern.

Es war vollkommen surreal. Von wegen moralisch geächtet – es machte offenbar einer Menge Leute Spaß, zu sehen, dass es einen «der ihren» erwischt hatte, der sich aber dennoch nicht versteckte. Was für eine perverse Logik! Obwohl auch ich das Glas erhob, beschlich mich ein eher mulmiges Gefühl angesichts dieses Theaters. Ich fand das Verhalten meiner Tischnachbarn völlig deplatziert. Ich hatte keine Medaille gewonnen oder keine Wahl – ich war wegen schwerer Vergehen zu einer Haftstrafe verurteilt worden. Und hier feierte man mich.

«Leute, hört auf damit!», hätte ich rufen sollen, aber ich ließ es bleiben. Viele Leute hatten viel Geld verloren, weil sie mir vertrauten. Und das waren in der Regel honorige, anständige Leute und nicht so Typen wie mein vorübergehender Freund Bruce von der amerikanischen Mafia.

Aber einen positiven Aspekt nahm ich dann doch von diesem Abend mit, nämlich die Erkenntnis, die vor mir schon der frühere Bundesligatrainer von Eintracht Frankfurt, Dragoslav «Stepi» Stepanović, so schön formuliert hatte: «Lebbe geht weiter!» Und das zu verstehen, dass nämlich das «Lebbe» auch nach Tiefschlägen weitergeht, war damals der erste Schritt zur mentalen Wiederauferstehung des Josef Müller.

Sandra Klengler hat ein Buch geschrieben, dessen Titel mir sehr gefällt. Es heißt: «Hinfallen, aufstehen, Krone richten, weitergehen». Und genau darum geht es im Leben: immer wieder aufstehen!

Verstehen Sie mich nicht falsch: Ebenso wenig, wie ich Sie zur Steuerhinterziehung ermuntern möchte, will ich die Folgen eines Totalabsturzes schönreden. Es ist hart, es ist belastend, es tut weh. Gönnen Sie sich Zeit, wenn es Sie mal erwischen sollte. Nicht jeder muss erst mal Champagner saufen, nachdem er zu einer Haftstrafe verknackt worden ist.

Aber seien Sie sicher: Der Schockzustand vergeht von ganz allein. Irgendwann. Es kann ein paar Wochen dauern, aber dann kommt der Moment, wo man wieder festen Boden unter den Füßen spürt.

Und dann sind Sie gefragt!

MEINE ERKENNTNIS TO GO!

Sackgassen sind geeignete Orte, um umzukehren. Menschen sind Gewohnheitstiere, aber man kann eben auch dadurch vom rechten Wege abkommen, dass man zu lange geradeaus läuft. Darum sind Sackgassen keine Endstationen, sondern Wendepunkte – wenn auch oftmals schmerzvolle. Mein Rat: Sich verrennen ist menschlich, stecken bleiben ist teuflisch, umkehren und aufstehen ist christusgemäß. GO!

GO!-8

Plan B?

Es gibt immer einen Weg!

«Leben ist das, was einem zustößt, während man gerade etwas ganz anderes plant!» Irgendein kluger Mann hat mal diesen Satz gesagt. War es John Lennon? Egal, wer es war: Er hat recht. Vom Rockstar über den Steuerberater zum Gauner und schließlich zum Missionar – mein Lebensweg ist auch nicht unbedingt geradlinig verlaufen. Aber es ist auch nicht einfach, so ein Leben generalstabsmäßig zu planen.

Irgendwann, wenn sich Schulzeit, Ausbildung oder Studium dem Ende nähern, kommt für junge Leute der entscheidende Moment. Nämlich dann, wenn sie sich ernsthaft mit der Frage beschäftigen: «Wie gehe ich mein Leben nun richtig an?» Klar, man spricht auch vorher schon mal drüber, und nicht zuletzt spielen die Eltern eine große Rolle. Schon mancher Studienabbrecher wurde genau deshalb zum Studienabbrecher, weil er nicht seinen eigenen Weg eingeschlagen hat, sondern die Erwartungen zum Beispiel seiner Familie erfüllen wollte.

Ein sympathischer junger Mann, den ich persönlich kenne, entschied sich zum Beispiel für ein Studium der Rechtswissenschaften. Ich kannte ihn schon von klein auf, und er hatte als Sechzehnjähriger Furore mit einer Schülerzeitung gemacht. Hat A4-Blätter bedruckt, von Hand zusammengeheftet und auf dem Schulhof für dreißig Pfennig verkauft. Die fünfhundert Exemplare waren immer im Nu ausverkauft, denn der Bub hatte ordentlich Talent. Und was macht er nach dem Abschluss? Schreibt sich für Jura ein.

Da ich ihn und seine Familie lange kannte, lud ich ihn in seinem dritten Semester irgendwann einmal mittags zu einer Pizza ein. «Peter, wie läuft's denn so im Studium?», wollte ich wissen, und er antwortete im Sinne von «so lala». «Macht dir dein Studium Spaß?», wollte ich weiter wissen, und er antwortete entwaffnend ehrlich mit «Nein».

Es stellte sich heraus, dass seine Eltern gern einen Rechtsanwalt in der Familie gehabt hätten. Das ist krisensicher, dachten sie, und außerdem hat man mit einem Hintergrund als Rechtswissenschaftler viele Möglichkeiten. Alles richtig, nur: Niemanden hatte interessiert, was Peter wirklich gern und mit Hingabe tun würde.

Also fragte ich ihn genau dies, und die Antwort kam wie aus der Pistole geschossen: «Ich wäre gern Journalist geworden!» Klar, das lag ihm im Blut, und so vereinbarten wir beim Tiramisu eine Strategie. Peter würde Bewerbungen für ein Redaktionsvolontariat schreiben, und ich würde mich um seinen Vater kümmern. Ja, seinen Vater, denn solche Dinge wurden früher von den Vätern geregelt, besonders wenn es um den eigenen erstgeborenen Sohn ging.

Und so kamen die Dinge gerade noch rechtzeitig in Bewegung. In einem langen Gespräch, bei dem auch dem Alkohol zugesprochen wurde, machte ich dem alten Herrn klar, dass sein Peter unglücklich in den Vorlesungen sitzt. Und natürlich war der Vater auch während der Schulzeit stolz auf seinen Jungen gewesen, der mit einer eigenen Schülerzeitung das Lyzeum gerockt hatte.

Peter wurde tatsächlich zu einem Vorstellungsgespräch bei einer großen regionalen Tageszeitung eingeladen und durfte dort seine Ausbildung machen. Heute schreibt er Kommentare in einem der führenden Magazine des Landes, und ich verfolge seine Karriere noch immer mit ein wenig Stolz, denn ohne mich hätte es keine gegeben. Jedenfalls nicht in den Medien.

Sie sehen, auch wenn mein früheres Leben von der Jagd auf das große Geld und die Vergnügungen geprägt war, gab es einige wenige Lichtblicke. Die Geschichte von Peter ist so einer.

Was kann man also einem jungen Menschen, der auf der Suche nach der richtigen Profession ist, mit auf den Weg geben? Mein wichtigster Rat: «Wenn du viel erwartest von deinem Leben, dann musst du auch viel geben!»

Gut zuzuhören ist oft wichtiger, als Ratschläge zu erteilen

Die Karriereaussichten für Langschläfer und Couch Potatoes sind begrenzt. Manchmal schafft es ein Einzelner, der zur richtigen Zeit am richtigen Ort einfach Glück hat. Aber, Freunde, das ist nicht die Normalität. Wenn du sicher vor späterer Mittellosigkeit bewahrt werden willst, musst du die

Ärmel hochkrempeln und etwas tun, musst mehr tun als andere.

Meine Devise als junger Mensch lautete: «Fordere die Welt heraus – und sie wird dir alles geben, was sie zu bieten hat.» Dass ich selbst im Rollstuhl saß und augenscheinlich etwas schwächer war, interessierte mich nicht die Bohne. Ich wollte etwas aus meinem Leben machen. Ich wollte «high voltage» spüren und intensiv leben, intensiv lieben und auf den Wellen dieser schönen Welt surfen.

Wenn man viele Jahre erfolgreich gewesen ist, kann man gut daherreden. Doch ich will die dunklen Jahre nicht beschönigen. Es ist so einiges schiefgegangen in meinem Leben, vielleicht gerade weil ich keiner Herausforderung aus dem Weg ging.

Hörte ich ein Nein, war das nie das Ende, sondern es stachelte meinen Ehrgeiz an. Dass ein Josef Müller scheitern kann, stand nicht auf meinem Plan. «Ich kann mehr und weiß mehr als die anderen in meinem Umfeld», redete ich mir selbst ein.

Meine Lieblingsgeschichte war die vom amerikanischen Traum, von den Jungs, die es vom Tellerwäscher zum Millionär gebracht hatten. Es gibt diese Geschichten ja wirklich. Lesen Sie die Lebensgeschichte von George Soros, dem wahrscheinlich wichtigsten lebenden Finanzinvestor auf dem Planeten! Oder von Mark Zuckerberg, der sein Studium schmiss, um so etwas Irres wie Facebook zu starten, und heute zwanzig Milliarden Dollar schwer ist. Von Bill Gates will ich gar nicht anfangen, der in der Garage seiner Eltern Computer zusammenschraubte und Microsoft zu einem der wertvollsten Unternehmen der Welt machte. Er konnte es sich irgendwann sogar leisten, die Hälfte seines Milliardenvermögens zu stiften, um Hunger, Armut und Krankheiten in der Dritten Welt zu bekämpfen.

Ich liebe solche Geschichten bis heute, und es gibt viele davon. Nicht alle spielen in den USA, aber die meisten.

Doch auch im eigenen Land gibt es solche Erfolgs-Storys, etwa von den Brüdern Albrecht, die aus dem Kolonialwarenladen der Eltern unter dem Namen «Aldi» einen weltweit erfolgreichen Handelskonzern schufen.

Mehr machen als andere, mehr wagen als andere – das war meine Welt. Und es war mein Weg, der mir auch einige Millionen aufs Privatkonto spülte. Ohne diese Einstellung hätte ich mir das Leben in Saus und Braus niemals leisten können. Ein Leben, das dann allerdings jäh eine fatale Wendung nahm, als ich die Kontrolle über mich selbst verlor und der Gier Platz in meinem Denken gewährte.

Kann jemand wie ich heute jungen Leuten Ratschläge für ihre Lebensplanung geben? Ich denke schon, denn es ist diese Mischung, über die sie Bescheid wissen sollten. Diesen schmalen Grad zwischen Erfolg und Niederlage. Immer wieder habe ich im Leben junge Leute getroffen, die mit sich selbst nichts anzufangen wussten. Sie hatten keinen Schimmer davon, was sie später machen wollten. Und wenn sie begannen, eine Vision zu entwickeln, dann wussten sie nicht, wie sie es anfangen sollten.

Ich bin heute fast sechzig Jahre alt, und mancher Teenie wird nun denken: Was will mir der Opa denn erzählen? Es sind andere Zeiten, und was der Müller sagt, ist doch «voll retro». Aber wenn ich heute mit jungen Leuten zusammenkomme, habe ich den Eindruck, dass sie mir ernsthaft zuhören. Und dass das nicht nur an meiner leger flippigen Kleidung liegt.

Ich hatte mal einen Traum, der mich so bewegte, dass ich bis heute immer wieder davon erzähle. Ich ging – ja, ging, ohne Rollstuhl – im Winter spazieren und kam an einen zugefrorenen kleinen See. Weit und breit war außer mir kein Mensch zu sehen. Das Eis schien fest und ausreichend, auch ein großes Gewicht zu tragen. Und so ging ich vorsichtig auf die zugefrorene Fläche hinaus. Doch nach wenigen Schritten brach das Eis völlig unvermittelt. Ich rutschte durch das Loch ins eiskalte Wasser und wusste im Bruchteil einer Sekunde, dass es jetzt um Leben und Tod gehen würde.

Ich strampelte, ich schrie, und ich versuchte, mich am Eisrand irgendwie wieder hochzuziehen. Aber es gelang mir nicht, ja schlimmer, ich merkte, wie meine Kräfte schwanden. Das würde also mein Ende sein, blaugefroren, hinabgezogen auf den Grund des Sees würde ich in wenigen Augenblicken sterben.

Es war das nackte Grauen. Ich rief um Hilfe, so laut ich konnte, aber es war niemand da, der zu meiner Rettung nahte. Im eiskalten Wasser schwand langsam das Gefühl für meine Gliedmaßen, ich schloss die Augen und versuchte noch, einen letzten Gedanken zu formulieren, bevor ich auf die Seite des Todes hinüberglitt.

Und dann geschah mit einem Schlag das Unfassbare. Praktisch aus dem Nichts griffen zwei kräftige Männerhände nach mir, packten mich unter den Armen und entrissen mich den Klauen des Sensenmannes. Der Unbekannte trug mich auf seinen Armen wie ein Kind in Windeseile vom Eis und stellte mich auf festen und trockenen Boden. Sogleich befreite er mich aus der eiskalten Kleidung, hatte warme Decken und Handtücher zum Abtrocknen dabei. Dann reichte er mir einen Becher mit heißem Tee.

Das Unheimliche dabei: Er hatte kein Gesicht. Ich war ihm unendlich dankbar, er hatte mein Leben gerettet, doch ich wusste nicht, wer er war.

Wie würden Sie diese Geschichte analysieren, wären Sie ein Traumdeuter? Es gibt ja heute eine ganze Wissenschaft, die sich mit dem Verstehen solcher unbewusster Gedanken in nächtlicher Ruhe beschäftigen. Für mich ist die Sache heute ganz klar, Fall gelöst, Mister Meisterdetektiv Hercule Poirot! In diesem Traum ging es um mein reales Leben. Das Leben des Steuerberaters Josef Müller, der sich aufmachte, die Welt zu erobern, und den lange Zeit scheinbar nichts aufhalten konnte. Und der dann die falschen Entscheidungen traf, auf die schiefe Bahn geriet und kurz vor dem Ertrinken war, als Gott ihn vor dem Tod rettete. Und dafür bin und werde ich ihm dankbar sein in jeder weiteren Sekunde meines irdischen Lebens.

Können Sie das verstehen? Nüchtern betrachtet habe ich durch ihn das dritte Mal ein neues Leben geschenkt bekommen, nach meiner Geburt und meinem Autounfall.

Immer mal wieder werde ich eingeladen, um vor Jugendlichen zu sprechen, die ein Freiwilliges Soziales Jahr (FSJ) absolvieren. Sie sind zwischen 16 und 27 Jahre jung und suchen meist Orientierung nach der Schulausbildung vor dem Studium, dem zukünftigen Job oder der Ausbildung. Ich nehme solche Einladungen immer sehr gern an, denn was ist auf Erden wichtiger als die Zukunft unserer jungen Menschen? Und so erzähle ich dann vom Leben, von seinen Höhen und Tiefen, vom Gewinnen und vom Scheitern.

Nach diesen Vortragseinheiten bitte ich die Teilnehmer/innen immer noch, nach vorn zu kommen und vor der Gruppe Gleichaltriger von ihren Plänen und beruflichen Hoffnungen zu erzählen. Dann schlüpfe ich aus der Rolle des Lebenserfahrenen in die Rolle eines aufmerksamen Zuhörers. Und dabei lerne ich selbst noch etwas hinzu.

Bei Anne Will im Ersten

Ein barrierefreies Interview im ZDF-Mittagsmagazin, live aus Mainz

Eines schönen Tages in meinem Büro …

… bei einem Interview mit Peter Loder vom «Münchner Merkur»

Wenn ich mal in Fahrt komme …

… dann aber mit vollem Einsatz! (Fotograf: Peter Weber)

Mein Leben ist spannend und kontrastreich wie ein Krimi! –
Beim ICF Stuttgart auf der Bühne

Diese jungen Damen begleiteten mich zu Aufnahmen für den
ERF-Trailer in eine Diskothek meiner Heimatstadt

Brüder im Geiste, katholisch, humorvoll, frech:
Mit Manfred Lütz in der evang.-luth. Kirche St. Matthäus in München
zum CVJM-Neujahrsempfang, Januar 2014

Was für ein Privileg! Ich schreibe Bücher, und die Leute freuen sich daran! – Beim Signieren in der GvC-Gemeinde in Winterthur/CH

Unglaublich, aber wahr: Bei Gott gibt es einen roten Teppich für jeden Sünder. Sogar für mich. – Diözesantag der CE München-Freising in der Pfarrkirche St. Heinrich/München im Oktober 2013

Bei Peter Hahne: Sendung aus Berlin am Pfingstsonntag 2014
mit Abt Johannes Eckert vom Kloster Andechs

Er war und blieb mein Freund, auch in dunkelsten Stunden:
Charles Brauer, der Schauspieler und «Tatort»-Kommissar,
auf der Frankfurter Buchmesse 2013

Wahnsinn: Geld regiert sie nicht mehr – meine Welt!
Aber die Scheine aus dem Farbkopierer waren ein guter Blickfang auf der Buchmesse in Frankfurt!

Die Basics des Lebens sind mir erst im Gefängnis klargeworden.
Diese nachgebaute Zelle – mit Kreuz! – wurde im NDR-Studio in Hamburg eigens für das Interview von Bettina Tietjen in der Sendung «DAS!» für einen Take mit mir aufgebaut

Vom Gejagten zum Gefragten: Nach einem Vortrag auf der Konferenz der «Christlichen Polizei Vereinigung» in Adelboden/Schweiz

Mit meinem ehemaligen Nachbarn Roberto Blanco
beim First Class Check-in der Lufthansa am Flughafen Franz Josef Strauß
in München

«Mia san mia»: Bayern bleibt mir Heimat und Freundesland.
Hier in «Käfers Wies'n-Schänke» mit meiner langjährigen
bayrischen Freundin Melanie

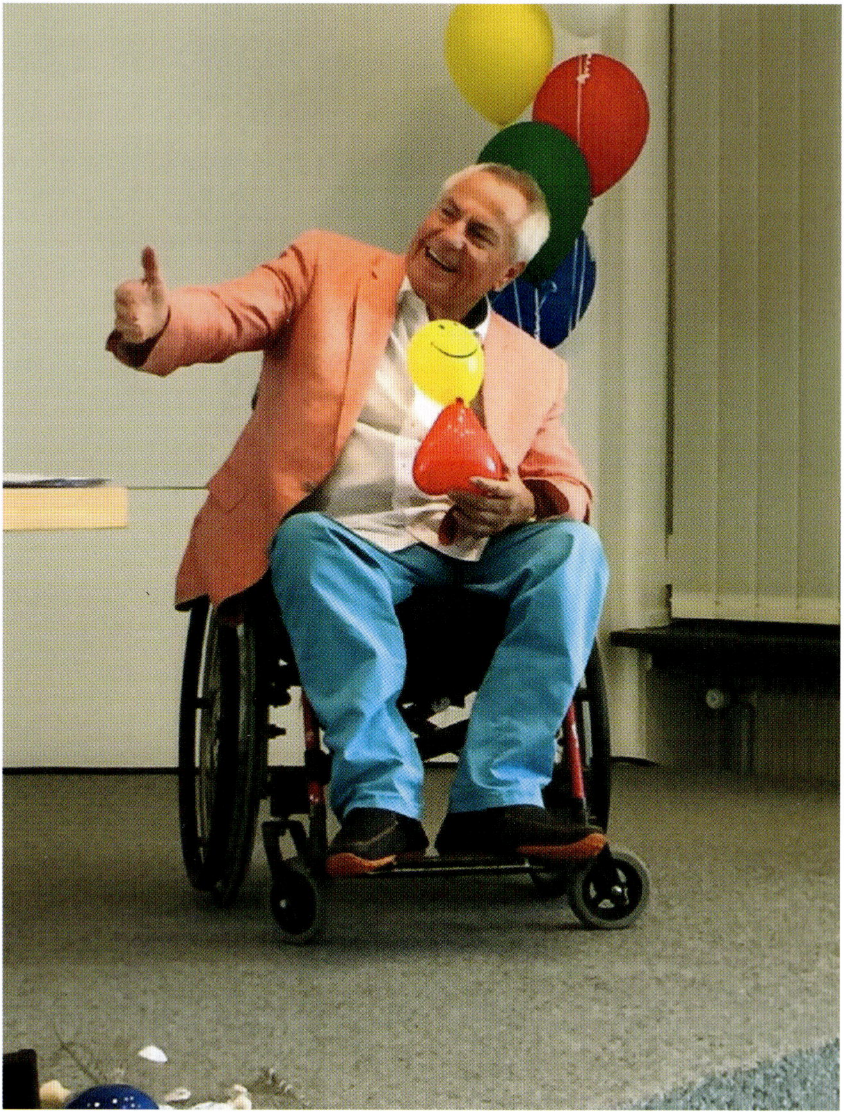

Das Herz verschenken – das passt zu mir!
Bei einem Vortrag in Arbon/CH

Ich bin immer wieder überrascht, wie sehr meine Lebensgeschichte
auch bei jungen Leuten Interesse weckt und Resonanz erzeugt.
Beim «Praisecamp» 2014 hatte ich acht Vorträge vor 6400 Jugendlichen

Mit Bettina Tietjen in der Sendung «DAS!» beim NDR

Hören wir zu, von welcher Zukunft junge Leute träumen

Es ist noch nicht lange her, da passierte Folgendes: Zwei Jungs und eine junge Frau, alle drei so um die zwanzig Jahre alt, setzten sich nach meiner Aufforderung auf die drei Stühle neben mir.

Der eine war ein wenig korpulent, eilte aber mit federndem Schritt und energiegeladen zu seinem Platz. Der andere war ein schlanker Hüne, sicher zwei Meter groß. Und das Mädchen war völlig unscheinbar, typische Vertreterin der Gattung Mauerblümchen. Mich im Detail an sie zu erinnern fällt mir wirklich schwer, ein Gesicht und die Figur unscheinbar, alles an ihr schien mittelmäßig, graue Maus. Und, um das Klischee perfekt zu machen: Sie trug wirklich eine dicke Hornbrille. Wahrlich nicht der Typ Frau, nach dem sich ein Josef Müller in jungen Jahren umgedreht hätte. Wahrscheinlich wäre mir sie nicht einmal aufgefallen, wenn sie einen Raum betreten hätte.

Als alle drei brav Platz genommen hatten und der allgemeine Lärmpegel im Raum wieder gesunken war, ermunterte ich den dickeren Burschen, loszulegen und von seinen Plänen zu berichten. Ich weiß nicht einmal mehr, was er vortrug. Jedenfalls beendete er seinen ausgesprochen inspirationslosen Vortrag nach nicht viel mehr als einer Minute. Wahrlich kein Plan, der überzeugen konnte.

Ganz anders trat da der Hüne auf: «Ich habe klare Pläne für meine Zukunft. Was heißt eigentlich Pläne, ich bin schon mittendrin. Ich werde einmal das Geschäft meiner Eltern übernehmen, dann die ganze Kostenstruktur überprüfen, ein Management-Beratungsteam engagieren, einen realistischen Businessplan aufstellen, überflüssiges Personal auf die Straße setzen, die teuren Lieferanten auswechseln, schlecht zahlende Kunden hinauswerfen, die Struktur des Unternehmens neuzeitlichen Methoden anpassen ...» Und weiter kam er nicht.

Das Auditorium reagierte empört angesichts der Kälte, mit der ihr Kollege seine gnadenlose Effektivität unter Beweis stellen wollte. Schaut her, ich werde Manager! Das wollte er wohl sagen und ließ kein Klischee aus. Natürlich werde er seiner Belegschaft die notwendigen Schritte erklären, man sei ja kein Unmensch, fuhr er fort, bevor er abrupt gestoppt wurde. Dieses Mal von mir.

Ich wollte eine Brücke zwischen ihm und den Zuhörern bauen, deren Unmut immer deutlicher wurde. «Was Sie hier von sich geben, mag Ihren persönlichen Zielen wohl entsprechen, und ich finde es betriebswirtschaftlich notwendig, alte Strukturen neu zu überprüfen, um etwaige Kurskorrekturen vorzunehmen. Ich finde es auch prima, dass Sie dazu die Meinung unabhängiger Fachleute einholen wollen. Aber langjährige loyale Arbeiter und Angestellte so mir nichts, dir nichts auf die Straße zu setzen, soweit es überhaupt rechtlich möglich ist, das fände ich nun wirklich übertrieben und unredlich.»

Ich fuhr fort: «Das Positive an Ihren Plänen ist die Tatsache, dass Sie ein klar umrissenes Ziel haben. Menschen mit Vision und Handlungswillen, die ihre Pläne auch zielstrebig umsetzen, sind letztlich immer die Gewinner.»

Ja, so sehe ich das auch heute noch. Unentschlossenheit und fehlende Power in der Durchsetzung führen nie zum Ziel. Kommen Mut und eine Vision hinzu, dann kann etwas Großes entstehen.

Doch dann wandte ich mich der unscheinbaren jungen Dame, der grauen Maus, zu. Ich dachte, als Kontrast zu diesem Powertypen, den wir gerade erlebt hatten, täte eine 08/15-Story ganz gut und werde die Wogen schon wieder glätten. Doch da hatte ich mich gewaltig getäuscht.

Miss «Unscheinbar» stand von ihrem Stuhl auf. Besser gesagt, sie katapultierte sich wie eine Katze aus dem Sessel in den Stand. Fast akrobatisch sah es aus. Ich war wirklich erstaunt und wartete, was nun kommen würde. Dann legte sie los: «Sehr geehrter Referent, liebe Freunde, mein Berufswunsch und mein Lebensziel sind klar festgelegt und stehen seit langem fest: Ich will FBI-Agentin werden!»

Kennen Sie das, wenn Sie etwas hören und unwillkürlich mit der Hand aufs rechte Ohr klopfen, um sich selbst zu vergewissern, dass Sie richtig gehört haben? Ihre Worte schnitten durch die Luft in dem kleinen Vortragssaal wie das Fallbeil einer Guillotine. Peng!

Alle im Raum hielten die Luft an. Lieschen Müller will Bundesagentin werden. Dana Scully aus Akte X sozusagen. Der Wahnsinn! Die Gesichter der Zuhörer sprachen Bände. Mehr als die Hälfte hatte einen spöttischen Zug um die Mundwinkel. Das musste, da waren sie sich sicher, wohl ein Witz sein.

Doch es war keineswegs ein Scherz. Es war der jungen Dame absolut ernst mit ihrem Vorhaben. In ruhigen Worten skizzierte sie, wie sie vorzugehen gedenke. Studium in den USA, Bewerbungsunterlagen besorgen, die amerikanische Staatsbürgerschaft beantragen und so weiter. Sie hatte sich intensiv damit beschäftigt, wie sie vorgehen wollte. Jedes Wort wirkte gut bedacht, und ihr Vortrag war auch rhetorisch einfach klasse. Selten erlebt man so deutlich, wie man sich in einem Menschen täuschen kann, wenn man nur den ersten Eindruck aufnimmt.

Ich war beeindruckt, aber dennoch skeptisch. Eine Deutsche mit Hornbrille, die Agentin bei der berühmten Bundespolizei der Vereinigten Staaten werden wollte?

«FBI-Agentin! Das ist ja mal ein ambitionierter Berufswunsch», sagte ich und bemühte mich ehrlich, nicht spöttisch zu klingen. Doch sie verzog keine Miene. Wahrscheinlich hatte sie sich auch von anderen Menschen in ihrem Umfeld schon mit sarkastischen Äußerungen konfrontiert gesehen.

Es schien ihr nichts auszumachen, denn sie war sich ihrer Sache sicher. Aus meiner Erfahrung heraus weiß ich, dass fast alles möglich ist, wenn man es mit dem Berufswunsch wirklich ernst meint und bereit ist, jedes notwendige Opfer zu bringen auf dem Weg zum Ziel.

Und so wandte ich mich an die anderen im Raum, denn ich wollte den besonderen Moment nutzen: «Ich finde diesen Berufswunsch mutig und gewagt, aber auch nicht ganz unrealistisch. Jeder von euch hat bestimmte Talente und Begabungen. Traut euch etwas zu, dann ist fast alles auch möglich!»

Ich gebe zu, ich würde gern erfahren, wie es mit der jungen Frau weitergeht. Sie hat mich mit ihrem Auftritt in jeder Hinsicht begeistert. Die FBI-Akademie in Quantico sollte sich glücklich schätzen, solche Bewerberinnen gewinnen zu können.

Es gibt Menschen, die üben einen Beruf aus, der ihnen gar nicht liegt. Sie würden eigentlich viel lieber etwas anderes machen, aber sie sind nun einmal Erzieher, Anwalt oder Koch geworden. Sie haben die entsprechende Ausbildung absolviert und kommen nun aus der Nummer nicht mehr heraus. Lebenslang, sozusagen. Und oft war die Berufswahl nicht einmal die eigene Idee, sondern einer sich ergebenden Möglichkeit, dem Wunsch der Eltern oder der Faulheit geschuldet, sich intensiv mit der eigenen Zukunft zu beschäftigen. Rechtzeitig!

Der eine oder andere meiner geschätzten Leser wird vielleicht denken: «Was qualifiziert eigentlich diesen Müller neben seinen eigenen wechselhaften Erfahrungen, Ratschläge für das zukünftige Berufsleben anderer zu erteilen? Junge Leute müssen ihren eigenen Weg finden, ihre eigenen Erfahrungen machen, auch wenn sie bitter sind.» Die Frage ist berechtigt, was qualifiziert mich dafür? Dazu die folgende kleine Geschichte.

Ich hatte damals, als mein Leben noch nicht in Trümmern lag, einen Bekannten, der im Gegensatz zu mir verheiratet war und drei Kinder hatte. Die überaus sympathische Familie wohnte auf einem gemieteten Bauernhof in einem Nachbarlandkreis in der Umgebung von München. Er war ein erfolgreicher Unternehmer und führte eine Produktionsfirma, die die dort gefertigten Waren weltweit vermarktete.

Ich traf ihn öfters, da ich sein Steuerberater und auch sein Freund war. Nach den geschäftlichen Besprechungen erzählte er mir deshalb auch immer mal von seinen Sorgen und Nöten mit Mitarbeitern, Lieferanten und Kunden. Ganz normale Dinge, die ich als Steuerberater sehr oft hörte. Sie müssen wissen, dass ein Steuerberater immer auch so etwas wie ein Seelsorger ist.

Gerne erteilte ich aus meinem Wissen und meiner Erfahrung auch immer meinen Rat. Dabei nahm ich kein Blatt vor den Mund, denn Direktheit war schon damals meine Stärke. Und es verschaffte mir durchaus eine gewisse Befriedigung, wenn ich bei solchen Gesprächen mit Mandanten und Freunden wirklich helfen konnte.

Einmal, als wir uns voneinander mit einem kräftigen Händedruck verabschiedeten, sagte er: «Josef, irgendwie schon komisch! Jedes Mal, wenn ich dich verabschiede, fühle ich mich erleichtert und ermutigt in so vielen Dingen. Wie machst du das nur? Dieses Geheimnis musst du mir das nächste Mal bitte verraten!»

Boah! Das saß, und ehrlich gesagt: Das tat mir gut, sehr gut sogar. Noch heute denke ich darüber nach, was ihn so aufbaute und ermutigte. War es mein fachmännischer Rat oder die Sicht des Betrachters von außen? Oder lag es an meiner verbindlichen Art der persönlichen Ansprache und meinen richtig gewählten Worten, die ihn zu seinem schönen Lob veranlassten?

Ich hörte das des Öfteren auch von anderer Seite. Ja, es schmeichelte mir, wenn jemand anrief und um ein Gespräch bat, weil er einen persönlichen Rat von mir wünschte. Oft schwang ich mich dann direkt ins Auto und fuhr los, um jemanden in Not zu unterstützen.

Ich glaube, ich habe – auch wenn ich da noch am Einüben bin – ein Talent im Zuhören und im Erteilen guter Ratschläge. Ich weiß natürlich auch nicht alles (besser), und manchmal bin ich selbst ratlos, wenn ich von den Sorgen anderer Menschen höre. Aber ich kann Mut machen und motivieren.

Noch mal zurück zu meinem Freund. Ich war nicht sein einziger Ratgeber, wie ich merkte. Voller Stolz berichtete er mir, dass er geschäftliche Probleme und Turbulenzen auch mit seiner Frau besprach. Sie hörte zu, auch wenn sie bei den wirtschaftlichen Themen viel weniger Erfahrung hatte als ich, und dann sagte sie ihm, was sie dachte. Mehrmals war ich Ohrenzeuge solcher Gespräche.

Einmal kamen wir von einem gemeinsamen Geschäftstermin und fuhren im selben Auto. Kaum waren wir losgefahren, rief er seine Frau an und erzählte ihr von schwierigen Klippen, die sich bei den Verhandlungen aufgetan hatten. Er war ein wenig deprimiert, und ich bekam mit, wie sie ihn ermutigte und wieder aufbaute. Die große Vertrautheit zwischen den beiden war unüberhörbar, und als Ratgeber Nummer 1 war ich sogar ein wenig eifersüchtig, dass da noch jemand das Ohr meines Freundes hatte in diesen Dingen. Als sie fertig waren, bemerkte ich, dass sich seine Stimmung deutlich aufgehellt hatte.

Und so begann ich, darüber nachzudenken, mit wem *ich* eigentlich meine wichtigen Entscheidungen und Lebenssituationen teilen konnte. Meine Eltern waren zu alt dafür und hatten keinen Bezug zum Geschäftsleben. Meine jeweils aktuellen Lebensgefährtinnen wollte ich nicht damit belasten, und manchmal ging es auch um Geschäftsgeheimnisse, die ich zumindest einer Kurzzeitfreundin nicht preisgeben wollte. Und dann wünschte ich mir so sehr, auch jemanden zu haben, dem ich mich voller Vertrauen öffnen konnte. Aber ich war halt Überzeugungs-Single, und nie spürte ich die Nachteile meiner Lebensphilosophie so sehr wie in solchen Momenten.

Letztlich sind eine intakte Ehe und wirkliche Freunde, die mit dir durch Dick und Dünn gehen, unverzichtbar. Und solche Beziehungen halten alle Stürme aus. Ich glaube, man lernt seine Partnerin oder seine Freunde erst dann wirklich kennen, wenn düstere Wolken daherkommen. In unserer Zeit vollzieht sich dann eine Trennung häufig viel zu schnell. «Was soll man sich ärgern, was soll man sich Mühe geben – weg damit! Gibt auch andere!» Doch das ist der falsche Weg.

Menschen, denen man wirklich vertrauen kann, lernt man im Leben nicht oft kennen. Sie sind wahrlich Gold wert und verdienen es, dass man in Krisenzeiten da ist und alle Anstrengungen unternimmt, die vertraute Basis wieder zurückzuerobern. Eine solche Basis, dieses Vertrauen und meine Fähigkeit, Menschen zu begeistern – das ist es, was ich mitnehme, wenn ich mit jungen Leuten über ihre Zukunft spreche.

Bei meinen Vorträgen empfehle ich ihnen bis heute, stets ihr großes Ziel vor Augen zu behalten. Vielleicht wäre es gut, sich selbst eine Frist zu setzen. Vielleicht auf einen Zettel schreiben, wo man in zehn Jahren stehen möchte, und dann immer mal überprüfen, ob man auf gutem Weg ist. Ich sage ihnen dann: «Auch wenn es noch so fern und abwegig ist, träumt von eurer Vision! Traut euch, nach den Sternen zu greifen!» Genauso wie diese junge Frau, die so gern FBI-Agentin werden wollte, um irgendwann später Terroristen und Serienmörder zu jagen. Wenn sie es wirklich will, soll sie sich auf den Weg machen, Amerikanerin werden, hart lernen und studieren, sich bewerben und die entscheidenden Männer und Frauen dieser weltweit anerkannten Behörde überzeugen, dass ausgerechnet und genau sie die Richtige für diesen Job ist.

«Unsere Hauptaufgabe ist nicht, zu sehen, was in vager Ferne liegt, sondern das zu tun, was gerade das Nächstliegende ist.» Diese wunderbaren zwanzig Worte stammen vom Historiker Thomas Carlyle. Ich verstehe sie so, dass er uns sagen will: «Zweifle nicht an dir, grüble nicht den ganzen Tag herum, sondern mach einfach!» Just do it!

Verstehen Sie mich nicht falsch! Ich meine nicht, dass man sich keine Gedanken über das Morgen und die Zukunft überhaupt machen soll, wenn man an einem Ziel arbeitet. Aber ich habe gelernt, mich nicht mehr zu sorgen, wenn Probleme auftauchen. Und schon gar nicht lasse ich mein Herz im Jetzt von der Vergangenheit beschweren. Ich lerne aus Fehlern der Vergangenheit, aber was geschehen ist, ist geschehen. Die Zukunft ist viel spannender.

Ich bin in diesen Wochen und Monaten ständig auf Achse. Von Wien über Zürich nach Hamburg, aber auch vom winzigen Provinznest in Friesland ins Burgenland oder in eine kleine Stadt am Thunersee in der Schweiz. Es ist immer eine Überraschung, was mich dort erwartet, auch ganz praktisch als Rollstuhlfahrer. Ist das Hotel für meine Bedürfnisse geeignet? Wie sieht die Toilette aus? Ist die Tür breit genug? Kann ich duschen? Ist der Auftrittsort barrierefrei? Wo ist die nächste Behindertentoilette? Vieles kann meine Assistentin im Vorfeld klären, aber wenn ich dann vor Ort bin, sind viele Dinge ganz anders als erwartet.

Es wäre absolut legitim, sich schon während der Anreise im Auto zu sorgen, ob alles klappen wird. Vielleicht würde ich dann verunsichert am Veranstaltungsort ankommen. Aber nein, das ist nicht Josef Müller. «Ladet alle Probleme auf mich, ich sorge für euch», das hat uns Gott als Botschaft ausrichten lassen. Und ich nehme das ernst.

Die Vergangenheit kann ich nicht ändern, aber heute kann ich leben, im Hier und Jetzt! Und hier kann ich die Zukunft positiv beeinflussen, die eigene ebenso wie die anderer Menschen. Und ich kann nur jedem raten, es mir nachzumachen. Es ist viel leichter, als Sie denken …

MEINE ERKENNTNIS TO GO!

Wir müssen uns entscheiden. Immer wieder. Jeden Tag neu. Für das Leben und für die Treue, ebenso wie für das Aufstehen und das Zähneputzen. Leben heißt wählen. Und oft wissen wir nicht, ob unsere Entscheidung gut ist und ob die Dinge gut ausgehen. Gerade bei jungen Menschen erlebe ich immer öfter eine große Angst, Entscheidungen zu treffen. Gleichzeitig gilt: «Das Leben wächst bei Ja und Nein.» Darum sei mutig und triff Entscheidungen. Gott gibt dir keine fertige Landkarte, aber er reicht dir seine Hand, und er geht deine Wege mit. Auch die Umwege. GO!

GO!-9

Gebet?

Es macht Sinn, mit Gott zu reden!

Nur eine Woche nach meiner Geburt im Kreiskrankenhaus von Fürstenfeldbruck ließen mich meine Eltern vom dortigen katholischen Pfarrer taufen. Heutzutage sagen ja viele, die Kinder sollen das später einmal selbst entscheiden, wenn sie verstehen, um was es beim Glauben geht. Meistens wird das dann in diesen Familien nichts mehr, denn Vierzehnjährige haben weiß Gott andere Dinge im Kopf als Erlösung und die Sehnsucht, an der Tafel des Herrn Platz nehmen zu dürfen. Da gibt es die erste stürmische Liebe, die erste Playstation und RTL 2, die den Blick auf das Wesentliche arg verdunkeln.

Aus meiner Sicht war es richtig, dass ich als Baby getauft worden bin. Zum einen bedeutete diese Entscheidung meiner Eltern, dass ich fortan katholisch erzogen wurde, was mir sehr guttat. Ich war im katholischen Kindergarten, in der Schule genoss ich katholischen Religionsunterricht. Als Ministrant diente ich in der Messe am Altar, später gehörte ich einer katholischen Burschenschaft an und so weiter. Alles das wäre mir verschlossen geblieben, wenn ich nicht unmittelbar nach meiner Ankunft auf der Erde in die große katholische Welt-Familie eingeführt worden wäre.

Sie mögen nun vielleicht ein wenig spöttisch sagen: «Wenn ich mir den Lebensweg vom Josef so anschaue, hat es ja wohl nicht viel genutzt.» Aber das stimmt nicht. In der Kindheit wird das Fundament für den Glauben gelegt. Wenn man jung ist, muss man erfahren, dass es da etwas, oder besser gesagt,

EINEN gibt, der über allem steht, der uns bedingungslos liebt und der für uns da ist, wenn wir ihn in unser Herz lassen.

Doch dann, im Teenager-Alter, kommen viele Verlockungen, die uns ablenken. Wir wollen erwachsen werden, selbst entscheiden können, den Führerschein machen, Freundschaften schließen, die Welt kennen lernen und natürlich auch die Liebe.

Welcher fünfzehnjährige Jüngling, der auf einer Party vorsichtig die Hand unter das T-Shirt der ersten großen Liebe schiebt, denkt dabei an Gott oder den Sinn eines enthaltsamen Lebens? «Lasst mich damit in Ruhe», würde der Jüngling wohl sagen, wenn ihm in diesem Moment ein Pfarrer auf die Schulter tippt und sagt: «Nimm die Hand da weg, mein Freund!»

Aber später, wenn man sicher auf den eigenen Beinen steht und vielleicht auch schon negative Erfahrungen machen musste, wenn vielleicht ein Schicksalsschlag die Familie trifft oder man selbst bei einer wichtigen Angelegenheit versagt hat, dann fällt einem wieder ein, was man in Kindheit und beginnender Jugend gelernt hat.

Nein, es war schon richtig, dass meine Eltern für mich entschieden haben, dass der katholische – oder sagen wir: der christliche – Weg der beste für mich wäre. Ich bin ihnen bis heute dankbar dafür, so wie meinem Vater auch für das kleine Büchlein, das er mir bei seinem ersten Besuch des gefallenen Sohnes in der Haftanstalt überreichte.

Ziemlich genau bis zu meinem 50. Lebensjahr hatte Gott nur

wenig Platz in meinem Leben, weil ich mich ehrlich gesagt kaum mehr mit ihm beschäftigt hatte. Es lief ja alles auch so ganz prima, wenn man von meinem schlimmen Unfall einmal absieht. Aber sonst? Geld, schnelle Autos, schicke Frauen – Josef Müller kam auch ohne den da oben bestens klar. Und überhaupt, dass jeder Mensch eine persönliche Beziehung mit dem Allmächtigen eingehen kann, das war mir nicht bewusst.

Glaube, Kirche, Religion – das hatte etwas mit Verboten zu tun, mit verhinderter Lebensfreude, so dachte ich. Dabei war ich nicht respektlos gegenüber anderen Menschen, die mit ehrlichem Herzen glaubten. Ich ging ja sogar sonntags bisweilen in den Gottesdienst, selbst wenn ich im Ausland unterwegs war. Aber es war halt alles nur die Pflege von Gewohnheiten und Traditionen. Meine Eltern hatten es mir so beigebracht, also führte ich es fort, doch es bedeutete mir zu dem Zeitpunkt nicht wirklich viel.

Wer Jesus nur anhand von Fakten begreifen will, der muss scheitern

Es brauchte halt ein paar dieser seltsamen «Zufälle», von denen meine Bücher und meine Vorträge handeln, um mich begreifen zu lassen, dass es *ihn* tatsächlich gibt, auch wenn wir ihn gar nicht sehen können. «Fakten, Fakten, Fakten!», das forderte der frühere Focus-Chef Helmut Markwort in den inzwischen kultigen

Fernsehspots von seinen Redakteuren. Das gefiel mir, denn als Steuerberater war ich Kopf- und Zahlen-Mensch. Ich glaubte nicht an den Himmel, sondern an Daten, Fakten und Bilanzen.

Statt der Bibel las ich betriebswirtschaftliche Auswertungen, schaute mir Grafiken an und überlegte, wie ich nicht zufriedenstellende Umsatz- und Erlöskurven für meine Klienten nach oben dirigieren konnte. Der Glaube an Wunder oder auch nur ein Blick ins Horoskop der Boulevardzeitungen, das wäre mir höchst suspekt gewesen.

Bis eben Jesus selbst in mein Leben grätschte und mir zeigte, wie unwichtig und belanglos mein bisheriges Leben gewesen war. Und der kam nicht mit «Fakten, Fakten, Fakten!». Er packte mich bei den Wurzeln, am offenen Herzen. Jesus kann man nicht mit dem Kopf begreifen. Wer es versucht, muss scheitern.

Heute beeindrucken mich Menschen überhaupt nicht mehr, die mir wissenschaftliche Argumente gegen meinen Glauben entgegenhalten. Und richtige Atheisten tun mir nur leid, so wie der Bestsellerautor Richard Dawkins, der mit Büchern wie «Der Gotteswahn» und «Die Schöpfungslüge» Millionen verdient, aber im Grunde keine Ahnung von diesem Thema hat. Das Schöne dabei ist: Irgendwann, wenn sein irdisches Leben endet, wird er und werden seine Anhänger erfahren, wie falsch ihr Denken gewesen ist. Das ist unausweichlich, denn irgendwann werden wir alle unserem Schöpfer begegnen – ob wir das nun wollen oder nicht.

Der (katholische) Kabarettist und TV-Nighttalker Harald Schmidt hat das in seiner unnachahmlichen Art einmal so formuliert: «Auf dem Totenbett wird jeder katholisch.» Und ich füge hinzu: Spätestens dann.

Im Grunde sind Atheisten ja selbst Gläubige, ja, nicht selten legen sie sektenhaftes Verhalten an den Tag. Und was sie von Christen unterscheidet, ist, dass sie glauben, alles ganz genau zu wissen.

Jeder, der an Gott glaubt, hat schon einmal gezweifelt. «Warum lässt Gott das zu?», denken sie, wenn sie im Fernsehen Bilder von Hunger und Krieg sehen. Oder wenn ein guter Freund oder ein naher Verwandter plötzlich stirbt, vielleicht sogar qualvoll, dann fragt sich jeder: «Warum tut uns Gott so etwas an, wo ich doch so fest an ihn glaube?» Man begreift es nicht als Prüfung oder als Versagen von Menschen, sondern man sucht einen Sündenbock. Und der heißt Gott.

Er kümmert sich nicht um jedes Problem hier auf der Erde, wenn man das nicht will. Aber er sagt uns, wie wir uns richtig verhalten sollen, zum Beispiel in seinen Zehn Geboten auf der Steintafel für Mose. Stellen Sie sich eine Welt vor, in der sich alle Menschen an diese Gebote halten würden! Keine Lüge mehr, kein Mord, kein Betrug, kein Ehebruch, alle lieben ihre Nächsten, ehren ihre Eltern. Wunderbar, oder? Ein Paradies auf Erden, würde ich sagen. Aber die meisten Menschen tun es eben nicht, und genau das ist unser Problem.

Es steht auch im Neuen Testament, dass Gott denen verborgen bleibt, die «g'scheit daherreden» und glauben, sie wüssten alles ganz genau. So, als ob sie selbst dabei gewesen wären, als die Welt erschaffen wurde.

Die Evolutionstheorie heißt ja genau deshalb so, weil sie eben auch nur eine Theorie ist. Und klar, natürlich sind evolutionäre Prozesse wissenschaftlich nachgewiesen. Aber die ganze Wissenschaft kann trotz all der klugen Leute und der bestens ausgestatteten Labore die Frage nicht beantworten, wie alles angefangen hat. Und vor allem: Warum alles angefangen hat.

Irgendwo habe ich mal das schöne Beispiel von dem S-Klasse-Mercedes gelesen. Wenn Sie den Motor einer solchen Luxuskarosse betrachten – würden Sie dann denken, dass der sich über mehrere Millionen Jahre selbst gebildet hat? Oder würden Sie denken, wow, den hat ein kluger Kopf entwickelt, geschaffen, kreiert. Ein «Creator», ein Schöpfer. Und dann denken Sie darüber nach, was für ein simples, jämmerliches Ding so ein Automotor im Vergleich zur Natur, zur Welt, zur Galaxis doch ist.

Doch zurück zu Jesus und mir. Erst als ich ganz unten war, öffnete sich mein Herz und konnte ich ihn wirklich erkennen. So begann eine persönliche Beziehung, die bis heute wächst und immer intensiver wird. Unsere großen Volkskirchen denken, mit der Taufe sei es im Grunde schon getan, aber sie irren. Entscheidend ist, Jesus zu finden und eine echte Beziehung, ich sage Freundschaft, aufzubauen. Und als das geschehen war, wollte ich das öffentlich bekennen, durch eine Taufbestätigung.

Am 8. Juli 2012 ließ ich mich erneut taufen, dieses Mal vom Pastor des Christus-Zentrums in Olching, Heinz Patsch. Vierzig Gäste waren dabei, als er den feierlichen Akt in meiner Badewanne im eigenen Haus an mir vollzog. Der Pastor überreichte mir dann den Taufspruch, den er für mich ausgewählt hatte. Er heißt: «Ich bin der Weinstock; ihr seid die Reben. Wer in mir bleibt, und ich in ihm, wird viel Frucht bringen. Denn getrennt von mir könnt ihr nichts tun ...» Das stammt aus dem 15. Kapitel des Johannes-Evangeliums.

Man wirft Gott nicht einfach ein paar Brocken vor die Füße, und er regelt dann alles

Gott gefunden hatte ich, wie Sie ja wissen, schon vorher, doch seit diesem 8. Juli 2012 fühle ich mich auch formell mit allem Drum und Dran zu Jesus gehörig. Doch es war so, als wenn man eine Ehe miteinander eingeht und der ganzen Welt öffentlich zeigen möchte, dass man es ernst meint und dass man angekommen ist.

Was Beten eigentlich ist, damit habe ich mich in der Justizvollzugsanstalt Stadelheim erstmals intensiv beschäftigt, als ich Vorträge zu diesem Thema auf einem christlichen Radiosender hörte. Die meisten Leute glauben ja, Beten bedeutet, etwas vorher auswendig Gelerntes fehlerfrei aufzusagen. Aber das ist falsch. Ein Gebet ist nichts anderes, als ein direktes Gespräch mit Gott zu führen. Eine Plauderei mit dem Höchsten, wenn Sie so wollen.

Mein erstes Gebet war vorformuliert, aufgesagt in meiner Zelle und mit der Hoffnung verbunden, dass es direkt eine Antwort geben würde. Aber schreiben Sie sich einen Text auf, wenn Sie Freunde besuchen, und lesen dann vor, was Sie ihnen sagen wollen? Natürlich nicht. Und deshalb spreche ich immer frei zum Vater im Himmel und natürlich auch zu Jesus und dem Heiligen Geist, die ja untrennbar zusammengehören. Und ich spreche Gott mit «Vater» oder auch «Papa» an, liebevoll, aber mit Respekt. Denn Gott ist nun mal Gott.

«Wichtig ist beim Beten, dass wir auch das Hören nicht vergessen», warnte mich einmal ein Pastoralreferent im Gefängnis. Und damit hat er vollkommen recht. Es erstaunt mich immer wieder, wie viele Menschen beten, auch diejenigen, die religiös «unmusikalisch» sind. Aber sie hören nicht zu, sie tragen ihre Sorgen und Bitten vor. «Herr, hilf mir morgen beim Vorstellungsgespräch!» – «Lieber Gott, gib mir Kraft, beim Wettkampf zu bestehen!» – «Vater, lass meine Mutter ihre schwere Krankheit überstehen!» Und dann ein flottes «Amen!» hinterher und fertig.

Ich sage Ihnen: So läuft das nicht! Gott ist niemand, dem man mal schnell ein paar Brocken vor die Füße wirft und der sich dann um alles Weitere kümmert. Er will, dass wir auch auf das hören, was er zu uns sagt. Zu jedem Einzelnen von uns, in einem ganz persönlichen Gespräch.

Erst als ich das begriffen hatte, wurde der Drang immer größer, jeden Tag einen Plausch mit *ihm* zu halten. Miteinander sprechen, nicht nur bitten, sondern auch anbeten und danken. Das kann auch ein musikalischer Lobpreis sein.

Auf dem Gefängnisgelände gab es im Hof der Anlage eine große Kirche. Jeden Sonntag fand dort um 8.30 Uhr ein katholischer Gottesdienst und um 10 Uhr ein evangelischer Gottesdienst statt. Ich ließ keinen aus.

Unter den Häftlingen in der JVA München gab es einige, die nahezu geniale Musiker waren. Sie bedienten die Orgel virtuos. Wir anderen erhielten am Eingang Liederblätter überreicht, damit wir die Lobpreis-Lieder mitsingen konnten. Die Zettel durften wir anschließend mit in unsere Zellen nehmen. Ich habe heute noch jedes einzelne Blatt, sauber im Ordner abgelegt, sortiert nach Datum. Gelernt ist halt gelernt …

Ich übertreibe nicht, wenn ich Ihnen heute sage: Ich liebe das Beten heute mehr denn je. Jede Gelegenheit nutze ich, auch zwischendurch am Tag, um mit «Papa» zu sprechen, ein paar ermunternde oder tröstende Worte von ihm zu hören, ihm danken zu dürfen für alle schönen Dinge, die ich erlebe. Vor jedem Telefonat habe ich mir angewöhnt, ein kurzes Stoßgebet nach oben zu senden und um die Führung Gottes zu bitten, damit auch in dem Ergebnis des Gesprächs sein Name und sein Wille verherrlicht werden. Es ist so einfach, ich muss nur jedes Mal daran denken und möglichst viel mit ihm gemeinsam tun.

Im Nachhinein weiß ich nicht, ob ich die Jahre meiner Haft überstanden hätte, ohne regelmäßig zu beten. Irgendwann begann ich sogar, mir eine Liste mit den Namen von Personen anzulegen, für die ich jeden Morgen betete. Für Kranke, aber auch für Gesunde, sowohl für Kinder als auch für Freunde, für Männer und Frauen aus meinem alten Leben. Ich betete für jeden, auch jeden Gefangenen und Justizbeamten, den ich im Gefängnis traf. Ob sie wollten oder nicht.

Ich legte ein Gebets-Tagebuch an, in dem ich die Bitten an Gott, aber auch die Erfüllungen niederschrieb. Es wurden drei Bücher. Ich wusste, dass ich diese Bücher später einmal gebrauchen kann, zur eigenen Ermutigung, aber auch als Nachweis, dass Gebete, wenn sie aus der richtigen Herzenshaltung kommen und mit dem Willen Gottes übereinstimmen, auch erhört werden.

Wenn Sie das Gebet und seine Macht noch nicht kennen, möchte ich Sie von hier aus ermuntern: Versuchen Sie es! Probieren Sie es einfach aus, mit ehrlichem und offenem Herzen. Es braucht keine Anleitung dafür, um in ein Gespräch mit dem einzutreten, der Sie aus reiner Liebe erschaffen hat und der sich nichts sehnlicher wünscht, als dass Sie mit ihm in Kontakt treten und eine Freundschaft in Liebe beginnen.

Ohne Wenn und Aber und ohne Verpflichtung. Wie ein guter Freund eben.

Wenn Sie übrigens glauben, dass ich ein perfekter Beter bin, dann sind Sie auf dem Holzweg. Ich bin so wenig perfekt wie jeder andere. Es gibt in dieser Königsklasse kein Besser oder Schlechter, höchstens ein zu viel oder zu wenig gebetet. Aber auch das ist relativ, und es wäre vollkommen falsch, hier etwa Zeitangaben zu nennen. Für den einen sind fünfzehn Minuten Beten eine Ewigkeit, beim anderen ist nach einer Stunde noch nicht alles gesagt. Beten Sie, solange Ihnen vom Herzen her danach ist, denn besonders darauf kommt es beim Beten an: auf das Herz.

Mich hat Beten immer glücklich gemacht. Ich bete in der Früh und am Abend, zur Essenszeit und auch sonst, wenn ich daran erinnert werde. Man beginnt ganz sachte und ruhig. Ich hatte am Anfang sogar mitunter ein schlechtes Gewissen, wenn ich meine Gebetszeit verpennt hatte oder etwas anderes tun musste. Beten als wahren Schatz im Acker zu erkennen, ist schon eine Stufe höher. Manchmal war es auch so, dass ich mich am Abend geradezu zwingen musste, vor lauter Müdigkeit nicht einzuschlafen beim Beten. Dann experimentierte ich, schon früher am Abend zu beten. Und es funktionierte.

Es gibt auch nicht *die* Art zu beten. Jeder betet anders. Wichtig, so denke ich, ist eine Zeit der Anbetung, in der ich Gott sage, wie toll ich ihn finde und ganz im Speziellen, wie er mir heute wo geholfen hat, und bedanke mich auch gleich bei ihm.

Sobald ich in meiner Gebetsecke oder heute an meinem Gebets-Schreibtisch sitze und loslegen will, fallen mir Hunderte von Dingen ein, die jetzt sofort erledigt werden müssen. Es ist so, als wolle mich da einer vom Beten abbringen, verhindern, dass ich ins Gespräch mit Gott eintrete. Manche nennen es den Satan, der uns immer wieder versuchen will.

Ich habe mir eine eigene Methode ausgedacht, wie ich diesem Störer begegnen und seine Absicht durchkreuzen kann. Auf meinem Gebets-Schreibtisch gibt es einen dicken weißen Block und einen Stift. Kommt nun eine Erinnerung, was ich sofort machen sollte und was keinen Aufschub duldet, dann notiere ich mir ein kurzes Stichwort, das mich später daran erinnert. Aber ich lasse mich nicht ablenken. Dann ignoriere ich die Gedanken und wende mich ganz Gott zu.

Vielleicht haben Sie Zweifel, dass Beten wirklich eine direkte Wirkung auf Ihr Leben hat. Lassen Sie mich deshalb eine Geschichte erzählen, die ich selbst erlebt habe.

Nach meiner Überstellung vom Gefängnis Wien-Josephstadt in die Haftanstalt München-Stadelheim wurde ich dort in einer kalten und kargen Einzelzelle im Nordbau untergebracht. Schon die Enge und die grauen Wände verstärkten meine Neigung zu depressiven Gemütszuständen. Hinzu kam damals meine angeschlagene Gesundheit. Im ersten Jahr wurde ich deshalb dauernd in einer Münchner Klinik behandelt.

Natürlich saß stets ein Wachmann an meinem Krankenbett,

denn niemand wollte riskieren, dass sich Konsul Josef bei erstbester Gelegenheit aus dem Staub machte. Sie trauten mir damals alles zu, denn ich hatte bei meiner spektakulären Flucht vor dem Zugriff des Bayerischen Landeskriminalamtes manchen Haken geschlagen, der den Ermittlern sicher ein uneingestandenes Staunen beschert hatte. Auch die Presse mutmaßte in diversen Zeitungsberichten und schrieb: «Josef Müller war bei seiner Flucht sicher nicht alleine und muss professionelle Helfer gehabt haben.»

Nichts davon entsprach der Wahrheit. Ich war vollkommen alleine unterwegs. Alles andere wäre zu gefährlich oder hinderlich gewesen. Stellen Sie sich mal vor, ich hätte meine Ehefrau Sandra und beide Hunde dabeigehabt. Meine Flucht wäre an dem Tag beendet gewesen, an dem Sandra ihre Mutter angerufen hätte, um ihr zu sagen, dass alles in Ordnung ist. So etwas hätte ich nicht verhindern können.

Nein, meine einzigen Begleiter waren eine weiße Maybach-Ledertasche, prall gefüllt mit dicken Euro-Bündeln, und ein paar Koffer. Sonst war ich alleine. Gott vielleicht, aber der hielt sich damals noch zurück. Besser gesagt: Ich kannte ihn zu jener Zeit noch nicht.

Doch nichts lag mir ferner, als über einen Ausbruch nachzudenken, denn zu kaputt war ich damals an Seele und Körper. Man sah dann nach der Konsultation der Ärzte auch ein, dass ich unter den normalen Haftbedingungen in meiner Einzelzelle in Stadelheim kaum überleben konnte, und baute mir einen neuen, behindertengerechten Haftraum. Ich hatte normale Fenster (nicht nur einen Luftschlitz oben am Ende der Wand), einen Waschraum und eine Toilette mit Griffen an der Seite, die ich auch als Rollstuhlfahrer benutzen konnte.

Im Dezember 2005 durfte ich die neue Zelle beziehen, die für mich einen Quantensprung auf dem Weg zurück zu einem menschenwürdigen Leben darstellte. Doch leider war die Freude nicht ungetrübt. Die Gefängnisleitung stellte ein zweites Bett in meinen Handicap-Haftraum hinein, um dort immer wieder Neuankömmlinge unterzubringen.

Das war nun gar nichts für Josef Müller. So sehr mich in meinem früheren Leben die Gesellschaft anderer, meistens Bewunderer, erfreut hatte, so sehr hasste ich es hinter Gittern. Immer wieder wurden mir Mitbewohner auf die Zelle gelegt, meistens nicht für sehr lange. Ich hatte größte Probleme, damit klarzukommen. Das waren ja nicht alles nette Jungs, die da kamen. Die wollten von mir auch nicht wissen, wie man richtig betet. Vielmehr gab es schwere Jungs mit gestörtem Charakter, oftmals ohne gute Kinderstube und bar jeden Sozialverhaltens.

Okay, wenn jemand laut schnarcht und mir den Schlaf raubt, tut er das ja nicht absichtlich. Auch die Zellengenossen, die gar nicht schlafen konnten oder im Schlaf redeten, ja manchmal laut schrien, konnte ich nicht persönlich haftbar machen. Aber es kam sogar zu einem körperlichen Angriff von einem anderen

Häftling, der nicht ganz richtig im Kopf war. Ohne erkennbaren Grund griff er mich tätlich an, und ich hatte Mühe, schnell genug die Wachleute zu alarmieren, damit sie mich beschützen konnten.

Es war keine leichte Zeit damals, wenn mich auch andere Häftlinge wegen meines vermeintlich schöneren Haftraumes beneideten. Von einer «Zelle» konnte man hier jedenfalls nicht mehr sprechen.

Ich hatte es damals mit einer polnischen Krankenschwester zu tun, die nach meiner festen Überzeugung ein Verhältnis mit einem der leitenden Ärzte hatte. Woraus ich das schließe? Nun, ich habe Augen im Kopf und bemerkte die schmachtenden Blicke zwischen den beiden durchaus. Und im Gefängnis herrscht so viel Langeweile, dass jedes Gerücht begierig aufgesogen und weiterverbreitet wird. Die meisten Gerüchte in Stadelheim gab es über dieses seltsame Paar.

So sehr die Schwester aber ihren Helden umschwirrte, so sehr mied sie mich auch. Mein oft so bahnbrechender Charme hatte in diesem Fall keine Chance. Sie mochte mich einfach nicht, und wenn ich ehrlich bin, beruhte dieses Gefühl auf Gegenseitigkeit.

Einmal fetzten wir uns sogar lautstark wegen einer Fachfrage, die mit meiner Querschnittlähmung zusammenhing. Sie hatte davon nicht den blassesten Schimmer, aber sie spielte sich auf, als hätte sie die Weisheit mit Löffeln gefressen. Josef Müller, das rhetorische Ausnahmetalent, faltete die Dame dann mal nach Strich und Faden zusammen. Spiel, Satz und Sieg – sie rauschte mit finsterem Gesichtsausdruck von dannen.

Die Retourkutsche sollte nicht lange auf sich warten lassen. Sie ließ nur wenig Zeit vergehen, bis sie mir klarmachte, wer im Knast der «Babo» ist (wie die jungen Leute einen «Boss» heutzutage nennen).

An einem Tag Anfang Januar 2007 erfolgte der Gegenschlag, unerwartet, hart und ohne jede Chance auf Gegenwehr. Ein Justizvollzugsbeamter erschien in meiner Zelle und teilte mir lakonisch mit, ich solle bis zum Mittag des folgenden Tages meine persönlichen Sachen zusammenpacken. Dann würde ich in das Gefängnis nach Straubing verlegt.

Hätte mir der Uniformierte mit der Faust in den Magen geschlagen, wäre die Wirkung nicht schlimmer gewesen.

Ich? Nach Straubing? In eine Haftanstalt, in die viele Lebenslängliche mit anschließender Sicherheitsverwahrung gebracht wurden? Ich spürte Übelkeit in mir aufsteigen, schlagartig schnürte es mir die Kehle zu. Was war passiert, was hatte ich angestellt? Josef Müller – ab in die ewige Verdammnis! Es schien, als öffne sich der Boden unter meinem Rollstuhl, um mich ins Bodenlose zu befördern.

Vielleicht muss ich das ein bisschen erklären, denn nur die allerwenigsten meiner Leserinnen und Leser werden eigene Erfahrungen mit dem Strafvollzug gemacht haben. Bei

München-Stadelheim, wo ich einsaß, handelte es sich um ein Untersuchungsgefängnis. Hier wurden Menschen eingesperrt, die noch auf ihren Prozess warteten. Hier spielte die sogenannte Unschuldsvermutung noch eine Rolle bei der Behandlung der Inhaftierten, die ja später unter Umständen noch freigesprochen und für immer entlassen werden konnten. Im Verhältnis zu anderen Haftanstalten ging es hier vergleichsweise locker zu.

Nur in Landsberg, so erfuhr ich, war es noch angenehmer für die Häftlinge. Dort saßen die Ersttäter ein, die von der Justiz noch nicht verloren gegeben wurden.

Am schlimmsten aber war es in Straubing. Hier saßen die ganz bösen Buben ein, die Lebenslänglichen, die Mörder und Vergewaltiger. Eine Art Alcatraz ohne Haifische ringsherum. Ein Alptraum mit Mauern – dorthin wollte man mich bringen. Wahrlich kein Ort für einen Lebemann und Freund der schönen (Lebens-)Künste wie mich.

Nach meinem Verständnis wäre Landsberg der richtige Ort gewesen, zu dem man mich hätte schaffen müssen, doch dort gab es fast ausnahmslos Treppen mit zahllosen Stufen. Für Rollstuhlfahrer keine Chance.

Nun also Straubing, und allein der Gedanke daran jagte mir Schauer über den Rücken. Ich verspürte ein Gefühl nackter Angst. «Josef und die harten Jungs» – das wäre Stoff für einen Hollywoodstreifen. «Aber sie müssen sich mit den Drehterminen beeilen, wenn sie mich noch lebend dabeihaben wollen», dachte ich, als der Schließer meine Zelle wieder verlassen hatte.

Einen Ausweg gab es nicht, und so begann ich, meine Siebensachen zu packen: Klamotten, meinen Lebensmittelvorrat, Wasch- und Duschzeugs. Dazu mein ganzer Stolz, die Kaffeemaschine, CD-Player und das Transistorradio. Es sammelt sich einiges an, wenn man zwei Jahre im Gefängnis verbracht hat. Und so stand schließlich eine beeindruckende Reihe von Umzugskartons bereit, die am nächsten Mittag zusammen mit mir abtransportiert werden sollten.

Mehrere Beamte und auch den für mich zuständigen Arzt traf ich noch an diesem grauenhaften Tag. Und jeden fragte ich: «Aber warum denn?» Schließlich hatte man doch gerade erst extra für mich einen behindertengerechten Haftraum umbauen und einrichten lassen. Und jetzt wollte man mich in ein Hochsicherheitsgefängnis verlegen. Das konnte doch nur ein Irrtum sein …

Es gab niemanden, der mir Genaueres zur Entscheidung der Gefängnisleitung sagen konnte. Auch diejenigen, die es gut mit mir meinten, konnten nichts herausfinden, da wir uns in den ausklingenden Weihnachtsferien befanden und viele Schreibtische in der Verwaltung noch unbesetzt waren.

Als am kommenden Morgen zwei Justizbeamte in meiner Zelle erschienen, um mich und meine Umzugskartons zur «Abgangsabteilung» im Erdgeschoss zu bringen, verschwanden meine letzten, ohnehin geringen Hoffnungen. Es ging mir an den Kragen, die Lage war ernst. Koffer und Kartons wurden zusammengestellt – es waren sage und schreibe achtzehn Stück. Die Formalitäten zogen sich endlos hin, Papiere ausfüllen, unterschreiben, Vollständigkeit prüfen, Stempel. Dann war alles zur Abfahrt bereit.

Statt in einen Umzugs-Lkw wurde ich in einen Krankenwagen gesetzt. Der Fahrer schlug die Hände über dem Kopf zusammen, als er mein Reisegepäck sah. «Neiiin, da nehme ich nur vier Kartons mit. Mehr passen nicht in den Sanka», rief er entnervt und machte aus seiner schlechten Laune keinen Hehl.

«Gut, den Rest senden wir bei der nächsten Überführung im Großraumfahrzeug nach Straubing nach», versprach einer der Beamten, um den Stress nicht eskalieren zu lassen.

Und so ging's los, Josef im Rollstuhl angegurtet und festgezurrt inmitten von vier prallgefüllten Umzugskisten. Gemütlich geht anders. So brausten wir über Münchens Mittleren Ring, es war schon fast 15 Uhr, und der Fahrer wollte dem lähmenden Berufsverkehr zuvorkommen.

Wenn es *dein* Wille ist, werde ich es ertragen

Meine Verzweiflung war am Siedepunkt angekommen. Das Herz schlug mir bis zum Hals. «Was mache ich hier? Warum gerade ich?» Auf meiner Stirn bildete sich ein Schweißfilm, obwohl es Januar und auch im Auto nicht warm war. Kein Mensch konnte mir jetzt noch helfen, niemand, den ich hätte verständigen können.

Und dann fiel *er* mir plötzlich ein. Mein Gott, der mich vor einem Jahr aus dem Sumpf herausgeholt und mir den Weg in ein neues Leben gewiesen hatte. Wusste er, was hier mit mir passierte? Gehörte es vielleicht zu seinem Plan für mich? Eine Herausforderung oder eine Prüfung? Er kann alles, wenn er will, das hatte ich inzwischen begriffen. Aber was hatte Gott mit mir vor?

Und so faltete ich im Krankenwagen auf dem Weg in die JVA Straubing die Hände, schloss meine Augen, senkte den Kopf und sprach leise vor mich hin: «Lieber Gott, ich danke dir, dass du mit mir bist und meine ausweglose Situation siehst. Ich verstehe nicht, warum ich nach Straubing verlegt werde. Aber ich vertraue dir ohne jeden Zweifel. Entweder diese Verlegung ist von dir geplant, dann weiß ich, dass es mir in Straubing nicht schlechter gehen wird, sondern eher noch besser als in Stadelheim. Dann will ich diese Situation auf mich nehmen, weil es dein Wille ist ... Oder es ist nicht dein Plan, sondern ein bösartiger Plan von Menschen, mich hier abzuschieben. Dann lass es bitte nicht zu, und bring mich so schnell wie möglich wieder zurück in meinen Haftraum in Stadelheim! Ich vertraue dir aus ganzem Herzen, bitte kümmere dich jetzt um mich.»

Nichts außer dem Brummen des Motors war zu hören. Wir kamen gegen 17 Uhr am Hochsicherheitstor der JVA Straubing an. Schon an den ganzen Sicherheitsvorkehrungen, den Kameras, den Schleusen merkte ich, dass hier ein anderer Wind wehte. Es dauerte eine ganze Weile, ehe der Krankenwagen endlich auf das Gelände im Innenhof der Haftanstalt rollte. Wir fuhren im Schritttempo auf ein hellgraues Gebäude zu, das von Bäumen umgeben war. Es war das Spital der Anstalt. Auf dem Weg hatte ich bereits die ganze bunte Vielfalt sehen können, die hier herrschte: Hellgrau – Dunkelgrau – Mittelgrau – Depressionsgrau – Mausgrau ... Auf jeden Fall alles grau in grau, das war mein erster Eindruck.

Und grau war auch meine Stimmung. Ich fühlte mich vollkommen leer im Kopf. Aus die Maus – das war's nun. In meiner Angst nutzte ich einen Moment des Wartens, um erneut, noch eindringlicher als während der Fahrt, zu beten. Ich flehte geradezu: «Herr, wenn es dein Wille ist, dann will ich es aushalten ... und wenn nicht, dann bitte tu etwas!»

Langsam rollte der Wagen die letzten Meter vor dem Spital aus und blieb stehen. Der Motor wurde abgestellt, und der Fahrer stieg aus. Es erschien ein etwa vierzigjähriger Vollzugsbeamter mit mürrischem Gesichtsausdruck, und die beiden unterhielten sich vor dem Fahrzeug angeregt über mich. Der Fahrer hievte noch meinen Rollstuhl aus dem Wagen, der Beamte stellte schwungvoll die Kartons auf den Asphalt vor dem Gebäude ab. Ein kurzer Blick noch – entdeckte ich da einen Anflug von Mitleid in seinen Augen? –, dann drückte der Fahrer aufs Gaspedal und überließ mich meinem Schicksal.

Der JVA-Mann wandte sich erstmals mir zu, und was er sagte, bestätigte meine düsteren Erwartungen: «Glauben's ja net, dass Sie hier die Vorzüge von München genießen können. Dies hier ist keine Erholungsstätte wie Stadelheim. Bei uns herrschen andere und zwar wesentlich härtere Sitten», ließ er mich in unfreundlichem Ton wissen.

Aus Fernsehfilmen wusste ich ja, dass es Gefangenenwärter gibt, die für ihren Job geboren worden sind. Sie empfinden Spaß dabei, ihre Häftlinge zu demütigen, zu quälen und zu ängstigen. Erstmals stand ich nun im realen Leben so einem Exemplar gegenüber. Ein «Hallo», «Guten Tag» oder «Grüß Gott» hatte er wohl vergessen. Ich wurde zur Zugangsabteilung gebracht, man fotografierte mich für die Akte, und ich erhielt eine Gefangenen-Nummer. Bis auf die Unterwäsche nahm man mir alles ab. Dann brachte man mich in den Saal C des Spitals.

Sie haben richtig gehört. Man brachte mich nicht in ein Zimmer, sondern in einen Saal mit fünfzehn Betten.

Es roch unangenehm, nein, es stank dort. Nach Schweiß und anderen Körperflüssigkeiten, die ich gar nicht im Einzelnen identifizieren mochte. Mir wurden ein Bett und ein Schrank zugewiesen; der Beamte wies mich an, mich aufs Bett zu setzen. Dann nahm er meinen Rollstuhl mit. Zur Kontrolle, ob ich darin irgendetwas in das Hochsicherheitsgefängnis schmuggeln wollte.

Nach einer guten Stunde, die ich apathisch auf meinem Bett gesessen hatte, kam der Justizvollzugsbeamte mit dem

Rollstuhl zurück. Man hatte – welche Überraschung – nichts gefunden.

Und der Mann, immer noch die Unfreundlichkeit in Person, hatte gleich noch eine Ansage für mich parat: «So weit alles in Ordnung, nur will ich Ihnen noch eines mitteilen: Wenn ich abends nach Hause komme, nervt mich meine Frau bis zum nächsten Morgen. Meine Arbeitszeit ist deshalb meine Erholungszeit. Deshalb dulde ich keine Störung und auch keinen Antrag von den Gefangenen, sonst werden Sie mich kennen lernen. Ist das klar, Herr Müller?»

Was er meinte, war sonnenklar: Klappe halten und ruhig bleiben, sonst würde es für mich ungemütlich werden.

Ich hatte keine Ahnung, wie ich hier ohne Anträge überleben sollte. Anträge, müssen Sie wissen, sind in der Haft der Schlüssel für nahezu alles. Ohne vorherigen Antrag wäre auch kein Besuch des sonntäglichen Gottesdienstes für mich möglich. Und nun wurde mir befohlen, auf Anträge zu verzichten, weil ein Beamter zu Haus von seiner Frau genervt war.

Ich blieb niedergeschlagen zurück, irgendwo in einem der Betten röchelte sich ein anderer Häftling unüberhörbar in den Schlaf. Ich selbst konnte an Schlaf nicht einmal denken, nicht in dieser Umgebung, nicht in … Guantanamo. Tatsächlich kam mir gleich in den ersten Stunden in Straubing das amerikanische Gefangenenlager für Terrorverdächtige in der US-Enklave Guantanamo auf Kuba in den Sinn.

Hier also saß ich am übelsten Ort, an dem ich jemals gewesen war. Und glauben Sie mir, liebe Leserin und lieber Leser: Ich hatte bis zu diesem Zeitpunkt in meinem Leben schon sehr, sehr dunkle Orte auf der ganzen Welt gesehen. Aber dieser schlug alles um Längen.

Ich legte mich aufs Bett und begann erneut zu beten. Es war nicht besonders kreativ, eher hartnäckig: «Herr, wenn es dein Wille ist … ansonsten hole mich hier raus!»

Die ganze Nacht machte ich kein Auge zu, denn es war sehr laut bei so vielen Mitgefangenen. Erst in den frühen Morgenstunden fiel ich in einen unruhigen schlafähnlichen Zustand.

Gegen sechs Uhr schreckte ich hoch, als im ganzen Saal das Neonlicht eingeschaltet wurde. Ich brauchte einige Sekunden, bis mir wieder einfiel, dass ich nicht in einem Traum, sondern mitten in einem sehr realen Alptraum war. Im Schlafraum war es kalt geworden, und als ich die freudlosen Gesichter meiner Mitbewohner wahrnahm, kamen mir tatsächlich die Tränen. Konsul Müller, sozusagen der Graf von Monte Christo, eingeschlossen in einem Kerker mit anderen Hoffnungslosen, vergessen von der Welt.

Und da erschien auch «mein Beamter» vom Vortag, der Uniformierte, der mich barsch und respektlos empfangen hatte. Ich nahm allerdings wahr, dass er für seine Verhältnisse besser aufgelegt zu sein schien. Regelrecht freundlich sagte er zu mir: «Herr Müller, ich habe mir das noch einmal überlegt mit

Ihnen. Sie kommen hier nicht einmal mit dem Rollstuhl allein auf die Toilette wegen der Enge der Tür. Und die Dusche ist auch mit einer Stufe versehen. Sie können hier nicht bleiben in Straubing!»

«Ich verstehe die Worte, aber nicht ihren Sinn», singt Roger Cicero in einem Lied über eigene familiäre Erlebnisse. Und das passte nun zu mir. Ich hatte gehört, was der Mann sagte, aber es dauerte fast eine halbe Minute, bis ich begriff, was das bedeuten konnte. Ich schaute ihn mit offenem Mund an, als er fortfuhr:

«Haben Sie einen Namen für mich? Jemanden aus Stadelheim? Jemanden, an den ich mich wenden kann, um Ihre Situation zu besprechen?»

Und ob ich den hatte!

Niemand Geringerer als der stellvertretende Gefängnisdirektor Dr. Gruber hatte sich in Stadelheim meiner angenommen, nachdem ihm zu Ohren gekommen war, dass da unter seinen 1600 Häftlingen einer war, der hinter Gittern so fröhlich und allerbester Laune war und das damit begründete, dass er sein Leben an Jesus Christus übergeben hatte. Er besuchte mich in meiner Zelle, und wir verstanden uns auf menschlicher Ebene sofort.

Leider war er an meinem Verlegungstag im Januar 2007 noch im Weihnachtsurlaub. Erst am nächsten Tag sollte er aus dem Urlaub an seinen Schreibtisch zurückkehren. Überhaupt war keiner vom leitenden Personal da, der sonst für meine Belange zuständig war. Obwohl ich kein Verschwörungstheoretiker bin, hatte ich damals kurz den Gedanken, ob jemand meine Verlegung absichtlich auf diesen Termin gelegt hatte …

Ich nannte dem Straubinger Wärter also den Namen, und er ging hinaus, um zu telefonieren. Wieder nutzte ich den Moment, um ein stilles Gebet zu sprechen: «Herr, wenn es dein Wille ist …»

Meine Anspannung war kaum noch zu ertragen. Ich spürte, dass etwas im Gange war, und ich klammerte mich an das kleine Fünkchen Hoffnung, so wie ein Schiffbrüchiger, der sich im offenen Meer an ein Stück Holz klammert.

Ja, das Bild vom Ertrinkenden in höchster Not passt gut, um meinen Gemütszustand zu beschreiben. Ganze zwei Stunden dauerte es, dann kam mein «Zuständiger» zurück. In sachlichen, aber freundlich klingenden Worten teilte er mir mit, dass sich Stadelheim um eine Lösung bemühe, aber noch nichts entschieden sei.

Alles um mich herum wurde völlig gleichgültig für mich. Ich saß in meinem Bett und betete und betete.

Gegen Mittag erschien der Beamte erneut, um mich zu informieren, dass mein Rücktransport nach München am nächsten Morgen um zehn Uhr stattfinden werde. Ein unbeschreibliches Gefühl der Wärme und Freude durchströmte mich im selben Augenblick. Es ging wirklich zurück nach Stadelheim. Gott hatte mein Beten und Flehen erhört. Wieder einmal.

Was für ein bewegender, was für ein überwältigender Augenblick. Mir schossen Tränen der Freude in die Augen, und ganz langsam löste sich meine Anspannung.

Bei meiner Ankunft empfing mich der stellvertretende Anstaltsleiter in Stadelheim persönlich. Er entschuldigte sich für die versehentliche und sachlich nicht gebotene Verlegung. Mein Platz im früheren Haftraum war allerdings schon belegt, teilte er mir mit. So kam ich in einen Sechs-Mann-Haftraum, der eigens für mich leergeräumt worden war. Ich konnte ihn vierzehn Tage lang alleine nutzen und kam mir vor wie ein König. Josef Müller und seine Luxus-Bude im Knast. Naja, Luxus war es natürlich nicht wirklich.

Nach zwei Wochen war dann eine große Zelle eigens für mich renoviert worden, größer und schöner als die frühere. Der Raum stand mir zur alleinigen Nutzung zur Verfügung. Ergebnis: Aus dem tiefsten Tal, aus Stunden purer Verzweiflung war ich innerhalb von zwei Wochen emporgehoben worden und besser, größer und moderner untergebracht als je zuvor.

Zufall, sagen Sie? Man muss schon sehr ignorant sein, um den wahren Zusammenhang nicht sehen zu wollen.

Wer *ihm* bedingungslos vertraut, der muss keine Angst haben. Zweifelt nicht, so wie es Petrus auf dem Wasser im Sturm getan hat. Glaubt, und ihr seid nicht allein. Oder wie es in der Bibel sinngemäß heißt: Bittet, so wird euch gegeben.

Wer für meine überraschende Verlegung wirklich verantwortlich war, fand ich nie heraus. Ein Jahr später sagte ein Oberarzt zu mir: «Da hat man damals mit der Verlegung aber ein ganz schräges Ding mit Ihnen durchziehen wollen. Gut, dass es nicht geklappt hat.» Wer dahintersteckte, wollte er mir nicht sagen. Vor Intrigen ist niemand geschützt, so etwas erleben Menschen auf der ganzen Welt jeden Tag. Gut, wenn da jemand ist, der ein Auge auf einen hat …

MEINE ERKENNTNIS TO GO!

Ich bin Steuerberater. Bei mir ergibt zwei und zwei vier. Darum wohl hat es besonders lange gedauert, bis ich erkannt habe, dass die Gleichung des Lebens nicht so leicht aufgeht. Wir alle leben ein mehr oder weniger schiefes Leben in einer schiefen Welt. Aber ich habe erfahren, dass es einen gibt, der die Dinge wieder geraderücken kann: Gott. Er sucht mich – und er sucht dich. Er sucht die Verbindung zu dir und zu mir. Egal, in welcher Situation du steckst: Gott ist immer nur ein Gebet weit entfernt. GO!

GO!-10

Vergebung?

Schuld bekennen und leichter leben!

Ich habe mehr als zehn Millionen Euro Schulden. Sie sind das Resultat eines rastlosen Lebens, meiner Jagd nach großen Erfolgen und immer größerem Reichtum. Und obwohl es durchaus Menschen gibt, die gemeinsam mit mir gut verdient und gelebt haben, kreisen meine Gedanken immer um die anderen, die mit mir und wegen mir viel Geld verloren haben, einige sogar ihr ganzes Erspartes.

Meine Hauptschulden jedoch sind Verbindlichkeiten gegenüber Banken und gegenüber Menschen, die mir ihr Geld zur möglichst üppigen Vermehrung anvertraut oder in der Hoffnung auf fette Zinsen geliehen hatten. Doch es ist alles weg. Kein Sparstrumpf, den ich unter der Matratze versteckt habe, keine schwarzen Konten auf den Cayman Islands und auch keine Aktien von Mercedes oder Microsoft. Ich bin auch heute vollkommen blank.

Als ich im Sommer 2010 aus dem Gefängnis kam, ging ich zu einer Schuldnerberatung bei der Caritas. Dort riet man mir, bei Gericht schnellstmöglich eine Privatinsolvenz zu beantragen. Basis für so etwas ist eine vollständige Auflistung aller Gläubiger mit Anschrift, Forderung in der Hauptsache, Zinsen, Anwalts- und Vollstreckungskosten. Das Gericht will bis aufs letzte i-Tüpfelchen wissen, was los ist.

Wenn man ein paar Jahre hinter Gittern war, ist es gar nicht einfach, das alles noch zusammenzubekommen. Viele Akten waren während meiner Haftzeit vernichtet worden oder ganz einfach verschwunden. So machte ich mich daran, in Kleinarbeit alles zu rekonstruieren. Das kostete mich mehr als ein halbes Jahr, doch dann war ich bereit.

Mit diesen Trümmern meiner Geldgeschäfte, mit Belegen, Rechnungen und Vollstreckungsbescheiden, abgeheftet in sieben prallen Aktenordnern, wandte ich mich an das Insolvenzgericht München. Ich beantragte Privatinsolvenz und einen Schuldentilgungsplan, den ich mit einem Insolvenzanwalt angehen wollte.

Doch meine Vorstellungen entpuppten sich als blanke Illusion. Es dauerte nicht lange, da kam die Ablehnung. Der Insolvenzrichter kippte meinen Antrag. Er begründete es damit, dass ich für Schulden, die aus einer Straftat stammen, keine Restschuldbefreiung erhalten kann. Meine Schuldnerberaterin ergänzte es auch noch salopp: «Wenn es nichts zu verteilen gibt, muss man auch keinen Plan zum Verteilen aufstellen.»

Das hat natürlich eine innere Logik, traf mich aber dennoch wie ein Blitz aus heiterem Himmel, denn ich wollte, ja, ich will auch heute den Schaden immer noch wiedergutmachen, möchte die Wunden der Vergangenheit heilen. Der Richter empfahl mir immerhin, meinen Antrag umgehend zurückzuziehen, bevor er die Kosten festsetzen müsse, die ich eh nicht bezahlen könne.

So tat ich wie empfohlen, lieh mir bei einem Freund siebzig Euro, die unvermeidbar beim Gericht zu zahlen waren, und schloss dieses Kapitel ab.

Seit ich Bücher schreibe, im Fernsehen auftrete und überall

im Land Vorträge halte, melden sich immer wieder Menschen direkt bei mir, die durch mich Geld verloren haben. Dass es mir ehrlich leid tut, interessiert leider nur die wenigsten. Sie wollen ihre Kohle zurück, und das ist ihr gutes Recht. Man kann die Briefe und Mails, die ich von Gläubigern erhalte, in drei Kategorien einteilen.

In der ersten Kategorie schreiben Menschen, die mich gleich zur Begrüßung wüst beschimpfen. Sie nennen mich «Betrüger» und «Verbrecher», formulieren aggressiv und wünschen mir die Pest an den Hals. Dann fordern sie mich auf, den Schuldbetrag unverzüglich mit Zinsen auf ihr Konto zu überweisen, da mir andernfalls schlimme Konsequenzen drohten.

Die zweite Kategorie schreibt freundlich, geradezu verständnisvoll. «Ist ja leider dumm gelaufen, lieber Josef ...» oder «Meine Frau und ich hoffen sehr, dass Du gesundheitlich wohlauf bist und wieder festen Boden unter den Füßen hast». Sie hatten mich im Fernsehen gesehen, und es habe ihnen gut gefallen. Ach ja, und ob ich ihnen wohl bitte nun ihr Geld zurückzahlen könnte. «Kontonummer findest Du unten.»

Und dann gibt es noch die Kategorie 3, eine Mischung aus 1 und 2. Ich sei zwar «ein mieser Drecksack», aber jeder Mensch könne ja mal ins Straucheln geraten. Sie beleidigen mich wirklich unflätig und bösartig, um dann aber geradezu kumpelhaft zu werden: «Vielleicht fällt es Dir nicht leicht, den gesamten Betrag auf einmal zu bezahlen, aber da finden wir sicher einen

Weg, um der guten alten Zeiten willen. Wir haben ja auch viel Spaß gehabt damals … haha». Und die Kontonummer, Sie ahnen es, finde ich unten …

Ich habe für jeden Einzelnen, der mir auf die eine oder andere Art schreibt, tiefes Verständnis. Aber ich kann ihnen nichts geben, niemandem von ihnen. Ich strotze sicher nicht vor Selbstmitleid, wie Sie inzwischen wissen. Ich verstehe und ermutige andere Menschen. Aber die Last, eine Schuld auf mich geladen zu haben, die ich vielleicht nie wieder tilgen kann, bedrückt mich und beschwert mein Herz.

Lassen Sie mich auch an dieser Stelle noch einmal klarstellen: Ich habe niemals, nie, nie, nie, Geld von Menschen mit dem Willen entgegengenommen, sie zu betrügen. Wenn ich Investitionsvorschläge machte, dann habe ich selbst geglaubt, dass damit gutes Geld zu verdienen sein werde. Wenn ich mir ein Darlehen besorgt habe, wollte ich es stets mit Zinsen ordentlich zurückzahlen. Aber der gute Wille allein reicht eben nicht, wie ich lernen musste.

Nennen Sie mich einen Blender oder einen schlechten Geschäftsmann, aber ich bitte Sie: Halten Sie mich nicht für einen bösen Menschen!

«Josef, rück das Geld raus!» So bin ich mehr als einmal angesprochen worden. Und wenn ich antworte, dass ich nichts mehr besitze, bekomme ich zur Antwort: «Irgendwo im Keller hast du bestimmt noch was …» Nein, habe ich nicht, aber ich verstehe ihre Assoziation. Immer galt ich als besonders clever, als einer, der Menschen begeistern und ihnen das Geld aus der Tasche ziehen kann. Und da sollte ich nun nicht mehr besitzen als heute zum Beispiel die 250,44 Euro auf meinem Girokonto? (Ein durchaus repräsentativer Kontostand übrigens, an den ich mich gewöhnt habe.) Das können sich nur wenige vorstellen. Aber es ist die nackte Wahrheit.

Begegnungen mit Menschen aus meiner Vergangenheit

Zu der Zeit, als ich noch mit dem Geld anderer Leute spekulierte und investierte, hatte ich eine «Vermittlerin» aus Kassel beschäftigt. Die lebte nicht schlecht von unserer Geschäftsbeziehung und verlangte üppige Provisionen für jeden Kunden, den sie mir brachte. Und naturgemäß kamen auch einige aus Kassel.

Als ich einmal zu einem Vortrag dort angekündigt war, meldete sich ein Redakteur der lokalen Tageszeitung bei mir. Er kenne eine frühere Kundin und auch meine Geschichte und fragte, ob ich zu einem «Rückzahlungsgespräch» unter seiner Moderation bereit sei. Weil ich mit den Dingen offen umgehe, stimmte ich zu. Vielleicht tut es uns allen gut, wenn wir uns Auge in Auge gegenübersitzen und uns aussprechen, hoffte ich sogar.

Am Tag nach meiner Veranstaltung trafen wir uns also in meinem Hotel zum Frühstück. Die Dame kam nicht allein, sondern erschien in Begleitung ihrer Eltern, die – wie ich erfuhr – auch Geld angelegt und durch meine Fehlentscheidungen verloren hatten. Der Journalist war natürlich auch da und hatte einen Fotografen mitgebracht, und so bat ich meine Assistentin, sich auch zu dieser absolut unentspannten Runde zu setzen.

Es herrschte dicke Luft, wie man so schön sagt. Meine frühere Kundin ging frontal auf mich los. Einst sei es ihr gutgegangen, dann kam ich, nun sei die ganze Familie total verarmt. Zusammengefasst: Ich sei ein Lump und solle endlich mit den Piepen rausrücken.

Alles, was ich zur Verteidigung und Erklärung vorbrachte, interessierte sie null.

Mein Eindruck war, sie erwartete, dass ich als der Schurke in diesem Stück angesichts der anwesenden Presse meine Reisetasche öffnen würde, um ihr und ihren Eltern Geldbündel auf den Tisch zu zählen. Ich gebe zu, das wäre ein prima Foto für die Zeitung des nächsten Tages geworden. Nur hatte ich in meiner Reisetasche zwar einen Schlafanzug und mein Kulturtäschchen, aber nicht einen einzigen Euro.

Als sie das begriffen hatte, setzte sie erneut zu einer Schimpfkanonade an, während der ich etwas Zeit hatte, sie genauer zu betrachten. Sie war modisch und schick angezogen, trug Schmuck und war ziemlich «aufgebrezelt», wie man bei uns so sagt. «Bemerkenswert für eine, die behauptet, sie stehe kurz vor dem Verhungern», dachte ich mir unwillkürlich.

Irgendwann beendete ich das unerfreuliche Treffen mit einem Hinweis darauf, dass sie alle mit ihren Forderungen auf der Liste der Geschädigten notiert seien und selbstverständlich – sollten sich überraschenderweise größere Einnahmen für mich ergeben – mit Zahlungen berücksichtigt würden, sofern es etwas zu verteilen gäbe.

Auf einen Händedruck verzichteten wir, und ich machte mich wieder auf den Weg zurück nach Bayern.

Dies war so eine der Begegnungen, die man sich in meiner Lage schenken kann. Ob mein Gewissen Schaden genommen hat, ob ich fünf Jahre im Gefängnis gesessen und für meine Fehler ordentlich gebüßt habe – es interessiert solche Gesprächspartner nicht. Es geht um Geld, Geld, Geld! Nichts anderes. Einmal sagte mir einer, er finde es falsch, dass man mich eingesperrt habe. Ich hätte in der Zeit lieber arbeiten und Geld verdienen sollen, damit ich ihm seine Forderungen erfüllen könnte.

Zugegeben, es sind nicht alle Gläubiger so. Vor einigen Monaten war ich zu einer Lesung in einer katholischen Kirche in der Nähe von Rosenheim eingeladen. Der offizielle Teil dauerte gut eineinhalb Stunden, und dann setzte ich mich noch in den Vorraum des Pfarrsaals, um Bücher zu signieren und für Fragen zur Verfügung zu stehen.

Ich schrieb und schrieb, und die Reihe vor meinem Tischchen

wurde kürzer, als ich ein älteres Paar erstmals bemerkte, das sich im Hintergrund hielt. Sie schauten mir zu, machten aber keine Anstalten, sich ebenfalls anzustellen. Ganz offensichtlich wollten sie weder ein Buch kaufen noch eines signiert haben. Sie standen einfach da und schauten mich an.

Als alle anderen versorgt waren und meine Assistentin bereits Anstalten machte, aufzuräumen, kamen die beiden zu mir. Der Mann sprach mich an: «Guten Abend, Herr Müller! Können Sie sich noch an mich erinnern?» Wenn jemand so fragt, stellen sich bei mir automatisch die Nackenhaare hoch, denn ich weiß, nun kommt etwas aus meiner Vergangenheit. Und das ist regelmäßig unangenehm.

Ich musterte ihn von oben bis unten und antwortete wahrheitsgemäß: «Nein, beim besten Willen nicht. Helfen Sie mir bitte!»

Mit ruhiger, fast freundlicher Stimme sagte er: «Ich war einer Ihrer früheren Anleger und habe Ihnen fast mein ganzes Geld anvertraut.»

Mir dämmerte etwas, und ganz langsam kehrte die Erinnerung zurück. Ja, ich kannte ihn. Nennen wir ihn Manfred Gruber. Er war älter geworden, klar, und sein Gesicht wirkte grauer als damals. Es war sicher zehn Jahre her, da hatte er zusammen mit anderen Interessenten in meiner Villa in Solln gesessen und sich meine Art des Börsen-Tradings angesehen. Und darauf investiert. Das hatte sich später leider als großer Fehler herausgestellt.

Herr Gruber war das gewesen, was man «einen Herrn» nennt, ein wahrer Gentleman, ein angenehmer, kultivierter, zurückhaltender Mensch mit positiver Ausstrahlung. Nie wäre er laut geworden.

Und von allen positiven Attributen, die mir einfielen, hatte er auch an diesem Abend nichts eingebüßt. Nur wirkte er gebeugt, vielleicht sogar etwas zerstört. So wie jemand, der nach langem, schwerem Kampf besiegt wurde. Wie ich an jenem Abend erfuhr, war er vollkommen am Boden und total pleite. Nicht allein durch mich, sondern auch durch weitere falsche Entscheidungen in seinem Leben. Aber eben auch durch mich.

Als ich ihn und seine Frau da vor mir stehen sah, überkam mich ein tiefes Gefühl von Bitterkeit und Schuld. Sie taten mir leid, ehrlich und wahrhaftig leid. Ich hatte einen Kloß im Hals und wusste kaum, was ich zu ihnen sagen sollte. So hörte ich einfach konzentriert zu, versprach, zu prüfen, ob und wie ich ihnen helfen könnte, und gab ihnen meine Visitenkarte. Dann gingen sie und ließen einen Josef Müller zurück, dem es so schlecht ging wie lange nicht mehr.

Was hatte ich bloß angerichtet? Mir stiegen Tränen in die Augen.

Es dauerte eine Woche, da klingelte abends das Telefon bei mir. Manfred Gruber war dran. «Herr Müller, haben Sie eine Lösung für unser Problem gefunden?», wollte er wissen, und ich beschloss, ihm reinen Wein einzuschenken. Ich erzählte ihm, wie meine aktuelle Lebenssituation ist, versicherte, dass ich nirgendwo Reichtümer gebunkert hatte, und nahm ihm jede Hoffnung.

Ich weiß, dass es Wunder gibt. Unerwartete, unfassbare Dinge, die wirklich passieren. Und so kann ich es nie ganz ausschließen, dass ich irgendwann wieder zu Geld komme, das ich dann an alle Menschen verteilen kann, die durch mich finanziellen Schaden erlitten haben. Aber nach aktuellem Stand gibt es keinen Hinweis, dass ein solches Ereignis bevorstehen könnte.

Gruber war, das merkte ich, sehr enttäuscht und geknickt. So wie jemand reagiert, dem man seine vielleicht letzte Hoffnung kaputtmacht. Aber ich wollte nicht mehr lügen und vertrösten, ich wollte reinen Tisch machen. Hier war nichts mehr mit Müller'scher Ermutigung, hier stieß ich ganz eindeutig an meine Grenzen. Er machte mir keine Vorwürfe, wünschte mir sogar noch alles Gute. Dann legte er auf.

Wie gern hätte ich diesen anständigen Menschen geholfen. Sie hatten hart gearbeitet, sich etwas fürs Alter angespart, um später ein möglichst sorgloses Leben führen zu können. Und dann waren sie an mich und meinesgleichen geraten. Nun hatten sie nichts mehr. Doch selbst wenn ich noch Geld hätte, wären mir rechtlich die Hände gebunden, denn wenn man pleite ist, muss man alle Gläubiger gleich behandeln, niemand darf bevorzugt werden. Was das praktisch bedeutet, möchte ich Ihnen hier einmal vorrechnen.

Als ich mein erstes Buch «Ziemlich bester Schurke» geschrieben hatte, trat ich sämtliche Autorenhonorare ab. Das Geld wurde auf ein Treuhandkonto eingezahlt, mit dessen Hilfe versucht werden sollte, mit meinen Gläubigern nach und nach Vergleiche zu schließen. Ich selbst bekam nicht einen Cent ausgezahlt. Aber wenn Sie zehn Millionen Euro Schulden und mehr haben, können Sie das mit Buchhonoraren höchstens bewältigen, wenn sie Joanne K. Rowling heißen und einen neuen «Harry Potter»-Roman geschrieben haben. Josef Müller bewegt sich in anderen Sphären.

Machen wir mal einen einfachen Dreisatz. Nehmen wir an, da ist ein Gläubiger, der durch mich 50.000 Euro verloren hat, die er nun zurückhaben möchte. Aus meinen Honoraren gibt es 10.000 Euro zu verteilen, und das bei Gesamtschulden von zehn Millionen. Dann könnte ich diesem Gläubiger eine Vergleichssumme von sage und schreibe 50 Euro anbieten. Jeder würde sich da, verzeihen Sie den Ausdruck, vollkommen «verarscht» vorkommen. Der Ärger wäre für alle Beteiligten weit größer als der Nutzen.

Ich muss mich der Tatsache stellen, dass ich wohl bis ans Lebensende einen Riesenberg Schulden vor mir herschieben werde, mit allen Konsequenzen, die das für mein Leben hat. Dinge, die ich nicht ändern kann, muss ich akzeptieren. Das war bei meiner Querschnittlähmung so, das war bei meiner Inhaftierung so, und es ist auch mit meinen Schulden und der Erkenntnis so, dass ich nie wieder ein wohlhabender Mann sein werde.

Den Kopf in den Sand zu stecken, wäre ein schwerer Fehler

Sehen Sie der Realität ins Auge, und stellen Sie sich den Menschen, gegenüber denen Sie Schuld auf sich geladen haben! Das ist mein Rat. Aber manchmal ist es für ein solches Verhalten auch zu spät. Wenn ich in diesem Kapitel über Entschuldung spreche, dann geht es mir nicht in erster Linie um finanzielle Dinge. Es geht um das Persönliche zwischen Menschen, die sich einmal nahestanden – egal, ob aus einer persönlichen oder wirtschaftlichen Motivation. Es geht nicht um Löcher auf dem Bankkonto, sondern um Verletzungen und Enttäuschungen.

Könnte ich heute noch einmal mit ihr sprechen, so würde ich besonders einem Menschen mein Herz ausschütten und sie um Verzeihung bitten: meine Mutter. Die Rosalie, ich nannte sie zeit ihres Lebens «Mutti», kümmerte sich um ihren Bub wie um einen Prinzen. All ihre Liebe konzentrierte sie allein auf mich, da mein Vater an ihren Gefühlsaufwallungen kein Interesse zu haben schien. Kaum ein Wunsch, den sie ihrem «Seppi» nicht erfüllte. Sie war da für mich, wann immer ich sie brauchte.

Hatte ich Angst, nahm sie mich beschützend in den Arm.

Weinte ich, spendete sie mir Trost. Malte ich ihr ein Bild, überschüttete sie mich dafür mit besonders viel Liebe und Zuneigung. Ich weiß, dass viele Mütter so zu ihren Kindern sind, und deshalb halte ich Frauen, die Kinder zur Welt bringen und liebevoll großziehen, für die wunderbarsten Geschöpfe auf dieser Welt.

Leider dankte ich es meiner Mutti nicht so, wie sie es verdient hätte. Je mehr ich in der Welt herumjettete und das Luxusleben genoss, desto weniger hatte ich Zeit für sie. Obwohl wir kaum eine Stunde Fahrtzeit voneinander entfernt wohnten, besuchte ich sie manchmal nur alle vier Wochen, weil ich in Dubai oder Monte Carlo unterwegs war oder vermeintlich Wichtigeres zu tun hatte. Als ich meine erste Steuerkanzlei im Hause meiner Eltern hatte, hatten wir uns noch täglich gesehen, später zweimal in der Woche.

Mir kommt da das Beispiel aus dem Lukas-Evangelium in den Sinn. Dort verließ ein Sohn das Elternhaus und brachte die Erbschaft des Vaters mit Huren und Partys durch. Erst als er eines Tages im Schweinestall aufwachte, dachte er wieder an sein Elternhaus. Er ging nach Hause, und der Vater wartete sehnsüchtig auf den verloren geglaubten Sohn. Er konnte es nicht erwarten, ihn wieder in seine Arme zu schließen.

Genauso wäre auch meine Mutter gewesen. Wäre, wenn ich je reumütig zurück in den Schoß der Familie gekehrt wäre. Wie oft muss sie sich danach gesehnt haben. Wie sehr muss sie sich gewünscht haben, ihren Seppi häufiger zu sehen, Kuchen für ihn zu backen und seine aufregenden Geschichten aus der großen, weiten Welt zu hören. Aber ich kam nicht.

Im Mai 2005 starb sie an einem Herz- und Lungenversagen, wenige Tage nach meiner Festnahme in Wien. Sie lag schon vorher im Koma und hatte nicht mehr mitbekommen, dass ich verhaftet worden war. Gut so! Wahrscheinlich hätte sie spontan ausgerufen: «Ach, Seppi, was hast du jetzt schon wieder angestellt?»

Zu ihrer Beerdigung durfte ich in Begleitung von Justizbeamten für fünf Stunden aus meiner Zelle. Als sich die Trauergemeinde vom Friedhof aus zum Leichenschmaus begab, transportierte man mich bereits zurück nach Stadelheim.

In seinen Zehn Geboten ruft uns Gott auf, unsere Väter und Mütter zu ehren, ihnen Liebe und Respekt entgegenzubringen. Und ich möchte alle meine Leser ermutigen, wenn ihre Eltern noch leben: Nehmt euch die Zeit! Besucht sie, so oft ihr könnt! Andernfalls werdet ihr es irgendwann bereuen.

Mich beschäftigt das Thema bis heute. Keine Woche vergeht, ohne dass ich an die wunderbare Frau denke, die mich zur Welt gebracht und mit Liebe aufgezogen hat. Wie gern würde ich heute mit ihr daheim auf dem Sofa sitzen, ein Stück Apfeltorte essen und ihr sagen, wie lieb ich sie habe. Es bleibt die Hoffnung, dass wir uns eines Tages im Himmel wiedersehen und dass wir die versäumten irdischen Stunden dort nachholen können. Ob es da oben Apfelkuchen gibt, das weiß ich allerdings nicht.

Mein Vater hatte es anders als Rosalie nicht so mit den großen Gefühlen. Er war kein herzlicher Mensch, weder zu seiner Frau noch zu seinem Sohn. Als Kind konnte ich ihm nie etwas recht machen. Aber er hielt später auch in den schwärzesten Stunden zu mir – auf seine Art. Als ich aus der Haft kam, konnte ich ganz selbstverständlich in mein Elternhaus zurückkehren. Er nahm mich ohne Wenn und Aber bei sich auf.

Und erst in dieser Zeit, den letzten drei Jahren seines Lebens, die ich mit ihm verbringen durfte, kamen wir uns auch menschlich nahe. Lange redeten wir viele Abende darüber, wie unsere Leben verlaufen sind, wo wir richtige und falsche Entscheidungen getroffen haben. Und was wir besser anders gemacht hätten.

Ganz sicher aber war: Er freute sich und war stolz. Und jetzt gab es etwas Größeres, das uns verband: die Liebe zu Gott und die Gewissheit, selbst geliebt zu werden. Auch wenn der Weg dorthin lang und steinig gewesen war.

Das Menschliche, das Persönliche – das sind die wichtigen Dinge, auf die es ankommt. Natürlich muss sich jeder bemühen, begangenes Unrecht und belastende Schuld nach Kräften wiedergutzumachen. Aber das Wichtigste ist, wieder untereinander ins Reine zu kommen. Ich habe die Erfahrung gemacht, wie schwer es sein kann, um Verzeihung zu bitten. Aber ich habe auch festgestellt, wie schwer es auf der anderen Seite geschädigten Menschen fallen kann, ehrliche Reue und eine Entschuldigung zu akzeptieren.

So wie Claudia aus Siegen, deren Gefühle ich einst zutiefst verletzt hatte. Ich schrieb ihr Jahre später einen Brief, versuchte mein Verhalten zu erklären und entschuldigte mich voller Reue und Demut. Ein Exemplar meines Buches legte ich bei. Sie sandte alles kommentarlos zurück. Ich schickte ihr dann noch einen Umschlag mit ihren Kinderbildern, die sie damals bei mir zurückgelassen hatte, alles Originale. Damit sie den Umschlag wenigstens öffnet, schrieb ich keinen Absender drauf.

Zu den in meinen Augen noch unerledigten Dingen gehört auch eine Aussprache mit meinem einst sehr guten Freund Oliver aus München. Auch an ihn denke ich immer wieder, denn unsere gemeinsame Geschichte belastet mich sehr.

Eine frühere Bekannte hatte ihn geheiratet, und so lernten auch wir uns kennen. Beide hatten von meiner ersten Verurteilung im Jahr 1992 durch die Presse erfahren, schätzten aber meine Fähigkeiten als Steuerberater. So übertrugen sie mir die Verantwortung für die kaufmännischen Belange einer neu gegründeten Fruchtgroßhandelsfirma, die einen Stand im Münchner Großmarkt betrieb.

Anfangs lief alles nach Plan. Ich beriet Oliver, der mittlerweile zu einem guten Freund geworden war, bei der Unternehmensführung und in allen steuerlichen und kaufmännischen

Angelegenheiten. Die Buchführung und der komplette Zahlungsverkehr liefen über mich. Ich stellte dafür sogar eine Halbtagskraft ein und hatte uneingeschränkt Zugang zu den Firmenkonten.

Als ich dann selbst in Zahlungsschwierigkeiten geriet, vergriff ich mich daran, das heißt, ich lieh mir, ohne ihn zu fragen, Geldbeträge vom Hauptkonto aus, um einen vorübergehenden Engpass – wie ich damals glaubte – zu überbrücken. Später wollte ich es wieder einzahlen, und niemand hätte etwas von der Transaktion bemerkt.

Doch eines Tages passierte etwas Unerwartetes, das überhaupt nichts mit mir zu tun hatte, aber die sofortige Anmeldung der Insolvenz von Olivers Firma notwendig machte. Zahlungsstopp, Gutachter, keine Chance mehr für mich, die Dinge zu begradigen und das entnommene Geld unauffällig wieder einzuzahlen. Das Schicksal oder wer auch immer spielte mir da einen ganz üblen Streich. Die Sache flog natürlich sofort auf, als die Hausbank die Kontobewegungen der vergangenen Monate überprüfte.

Olivers Ehefrau zeigte mich sofort bei der Staatsanwaltschaft an. Die Faktenlage war unbestreitbar, ein Ermittlungsverfahren wurde eröffnet, das allerdings später im Rahmen meiner Gesamtverurteilung versandete. Aus dem Gefängnis schrieb ich einen langen, reumütigen Brief an Oliver und seine Frau, der unbeantwortet blieb. Und das tut mir weh.

Irgendwann früher, zu einem Zeitpunkt, als Oliver schon gewusst haben musste, dass ich Geld von seinem Konto zweckentfremdet hatte, traf ich ihn mittags einmal im «Spatenhaus» in der Münchner Innenstadt. Er war dort mit einem anderen Mann zum Essen verabredet und grüßte freundlich zu mir herüber, sprach mich aber nicht an.

Es war das letzte Mal, dass wir uns begegneten. Ich weiß bis heute nicht, ob ich seine damalige Selbstbeherrschung bewundern soll oder ob ich sie als eine Geste kalter Verachtung empfinden muss. Auf jeden Fall macht mir dieser «Fall» bis heute sehr zu schaffen. Was ich ihm und anderen antat, belastet mein Gewissen und meine Seele bis hinab auf den tiefsten Grund.

Was für Konsequenzen habe ich aus diesen Vorgängen gezogen? Das Allerwichtigste ist die Erkenntnis: Verdrängen ist der falsche Weg. Wenn Sie in einer solchen Situation den Kopf in den Sand stecken, finden Sie nie aus der Sackgasse Ihres Lebens heraus. Seien Sie ehrlich zu sich selbst, kehren Sie zur Wahrheit zurück und stellen Sie sich den Menschen, die Sie enttäuscht und verletzt haben! Das wird nicht überall auf Begeisterung stoßen, denn besonders die Gläubiger wollen keine schönen Worte. Sie wollen Cash. Alle.

Und natürlich können Sie Zeit schinden, Hoffnungen wecken, Versprechungen machen, von denen Sie im selben Augenblick wissen, dass sie nichts wert sind. Oder aber Sie können meinen

Weg gehen und die Wahrheit sagen: «Das Geld ist futsch, wahrscheinlich für immer und alle Zeiten.»

Ich selbst bin übrigens auch einmal hereingelegt worden. Ein türkischer Geschäftsmann namens Tahsin Demirtas betrog mich in New Jersey um damals 500.000 DM, seinerzeit praktisch mein ganzes Vermögen, für das ich hart gearbeitet hatte. Was war ich sauer auf diesen Kerl. Ich verstehe den Zorn eines Geprellten, das dürfen Sie mir ruhig glauben.

Der Mann tauchte dann mit meinem schönen Geld in Izmir ab, ich hörte nie wieder etwas von ihm. Ich war völlig verzweifelt, und kurz kam mir sogar der Gedanke, mit meinem Leben endgültig Schuss zu machen. Es dauerte sicher zehn Jahre, bis meine Wut abebbte. Dann akzeptierte ich, dass ich den Verlust hinnehmen musste.

Heute ärgere ich mich nur noch über meine eigene Dummheit und Naivität in dieser Sache. Würde ich ihn noch mal treffen, ich könnte ihm vergeben, denke ich. Denn ich habe erkannt, dass wahres Lebensglück nichts mit Geld zu tun hat. Oberflächlich, für den Moment vielleicht, aber nicht für ein erfülltes Leben.

Schuld ist Schuld, daran gibt es nichts zu rütteln. Doch das ist halt der menschliche Maßstab, der es vielen Menschen unmöglich macht, zu vergeben. Aber es gibt eben auch Gottes Maßstab, und *er* denkt viel größer. Er rechnet nicht in Darlehens-Laufzeiten, sondern er bewegt sich im Horizont der Ewigkeit. Ich bin gelernter Steuerberater, ein Mann der Zahlen, wenn Sie so wollen. Doch ich musste noch einmal Rechnen lernen, aber diesmal nach einer himmlischen Mathematik.

Fünf Jahre Knast sind wahrlich nicht schön. Aber was bedeuten fünf Jahre im Angesicht der Ewigkeit? Unser Leben im Diesseits ist oft beschwerlich, ja, manchmal sogar richtig lästig. Aber die eigenen Sünden werden kleiner, wenn man sie vor dem Hintergrund der Großartigkeit Gottes betrachtet. Es ist ein wenig so wie bei Google Earth. Dinge, die uns riesig vorkommen, werden nach und nach verschwindend klein, lenkt man aus immer größerer Distanz den Blick aufs Ganze.

Durch meine Begegnung mit Gott, der sogar seinen Sohn für unsere Sünden geopfert hat, bin ich wirklich frei geworden. Jesus kannte viele Sünder. Er vergab ihnen und sagte: «Gehe hin und sündige fortan nicht mehr!» Das will ich befolgen. Und das ist es, wozu ich auch Sie ermutigen möchte …

MEINE ERKENNTNIS TO GO!

Bis heute ringe ich wie der Apostel Paulus damit, dass ich das Gute will, aber zum Bösen fähig bin. Und das geht uns wohl allen so. Ich habe nicht das Zeug zum gestressten Heiligen und bin viel besser aufgehoben in meinem «Status» als begnadigter Sünder. Trotzdem kann und will ich dich und mich selbst ermutigen: Lass nicht locker, dich immer wieder neu für die Wahrheit zu entscheiden. GO!